U0061761

獅路歷程
六十載

劉智鵬———著

責任編輯　梁偉基
書籍設計　道　轍

書　　名	獅路歷程六十載
著　　者	劉智鵬
出　　版	三聯書店（香港）有限公司 香港北角英皇道499號北角工業大廈20樓 Joint Publishing (H.K.) Co., Ltd. 20/F., North Point Industrial Building, 499 King's Road, North Point, Hong Kong
香港發行	香港聯合書刊物流有限公司 香港新界荃灣德士古道220-248號16樓
印　　刷	美雅印刷製本有限公司 香港九龍觀塘榮業街6號4樓A室
版　　次	2021年6月香港第一版第一次印刷
規　　格	大32開（140×210 mm）352面
國際書號	ISBN 978-962-04-4824-9

CONTENTS
目 錄

序言

見賢思齊　立下初心

　　遙想踏入千禧年，萬象更新，我遇上獅子會的機緣亦由此起。獅子會的仁愛事跡常在朋友席間流傳，例如：獅子會眼庫加入醫管局網絡、一間又一間的洗腎中心落成、在天水圍興辦小學等等，每每令我讚嘆不已，令我好奇一個民間組織能有如此力量推動社會發展，在重要關頭急民之所急。探聽之下，原來背後盡是才德兼備之士，他們既在各行各業出類拔萃，又在慈善事業用心經營，德被四方。所謂「見賢思齊」，於是我躊躇滿志，在三年後經獅友推薦加入獅子會，展開千里之行。

　　對我而言，成為獅友是改變生命軌跡的機遇。透過廣闊的服務活動，讓我有機會與來自不同屬會、不同身份背景、不同年齡層的獅友溝通，不但大大擴展了我的視界，同時亦提升溝通技巧，令我獲益匪淺。

關懷弱勢　持之以恆

「矜、寡、孤、獨、廢疾者皆有所養」，孔子對大同世界的寄望所言甚是。因為造化弄人，疾病無常，憑一己之力不能獨活，有幫助之急切。而當兒童遇上癌病，就更是苦上加苦，令人痛心疾首。兒童是社會的未來棟樑，喜見獅子會捐助兒童癌病基金建立新設施，幫助兒童重拾盼望，感受人間溫暖。我有幸捐助「兒童癌病基金獅子會社區服務中心」，望能幼有所養，略盡綿力。

薪火相傳　立足未來

鍥而不捨，當然金石可鏤；再加上眾志成城，更是匯川成河，造福社群。得到機會贊助本書出版，是我莫大之榮幸，在學者編修時，我得以飽覽獅子會六十年之歷史長河。是次縱觀歷史深有體會，見到團結凝聚，各盡其力，築成了獅子會今天堅如磐石的基業。亦令我憶起出任屬會會長、第十二分域主席和第三分區主席之美好時光，與各位同心同德，貢獻獅子會，與有榮焉。如今公司業務繁茂，時間有限，唯有退居幕後，出錢出力以表支持。同時希望培養後進，承傳三〇三區的獅子精神。

《詩經》：「其儀一兮，心如結兮。」三〇三區在香港植根六十年，一心一意服務香港，貢獻良多，深入民心。在西醫、中醫、教育、音樂、青少年發展等等建樹甚多，豎立行善積德，兼善天下的楷模。期望獅子會的精神繼續弘揚光大，照遍各個階層，逐步邁向大同社會。更盼望三〇三區會員人數不斷增長，會員素質相當，為社會提供恆常及應急服務。

　　是次有幸資助出版，背後的動力，源自表達對獅子會給予我啓蒙的感激之情，也關乎我堅守的一個道理：「取之於社會，用之於社會」。出版歷史專書的意義，在於能夠讓公眾了解獅子會的點滴故事，以至對社會的貢獻。冀望三〇三區會員能繼續身體力行，向中國內地、香港及澳門宣揚獅子精神，讓三〇三區在下一個甲子再創輝煌。

陶開國

前言

獅子運動的回溯

緣起

國際獅子總會（Lions Clubs International）的創立及獅子運動（Lionism）的推展，起源於茂文鍾士（Melvin Jones, 1879–1961）的構想。

1879 年 1 月 13 日，茂文鍾士出生於美國亞利桑那州湯瑪斯堡（Fort Thomas, Arizona），兒時舉家遷往伊利諾州（Illinois）。他擁有天賦的男高音，本來考慮發展音樂事業，卻在機緣巧合下於 1911 年在芝加哥成立保險代理公司，並獲招攬參與「商業圈」的午餐俱樂部。他憑藉招攬會員的非凡能力嶄露頭角，經常成功為午餐俱樂部招募新會員，並說服退會者重新加入俱樂部。對他而言，商業圈午餐俱樂部的作用是讓從商男性成員聯誼，從中建立營商網絡；較具影響力的商人則

可善用商業圈的會員制度和聯誼功能於服務之上，回饋社會。[1]

在妻子羅斯艾曼達弗里曼（Rose Amanda Freeman）的協助下，茂文鍾士以商業圈午餐俱樂部秘書的身份，發函邀請美國所有午餐俱樂部，成立一個以服務為首要宗旨的團體，隨即獲部份商人熱烈回應。1917 年 6 月，他與志同道合的商人在芝加哥召開首次會議，獅子會就此誕生。茂文鍾士在德州達拉斯（Dallas, Texas）舉行的獅子會就職大會上，獲推舉為秘書財務長，其後理事會授予他終身總秘書長職銜。1926 年，為了服務社會和管理總會的運作，他放棄了保險行業，成為獅子會執行長和全球親善大使[2]，一直貢獻獅子運動的推展。

時至今日，獅子運動遍及世界各地，由最初以商人組成的商業圈，發展成為一個銳意服務社會的國際性服務團體。

國際獅子總會一直以口號和格言推展獅子運動。口號反映服務團體形成時期的特性；格言則表達服務團體的理念。

獅子精神的推展

獅子會獅友（獅子會會員一般以 Lions 相稱，中文則叫作「獅友」）—LIONS 是 Liberty（自由）、Intelligence（智慧）、

1　Zander Campos Da Silva, *Lions Club: The Great Idea of Melvin Jones* (Indianapolis: Dog Ear Publishing, 2014), p. 8-11.

2　Lions Clubs International, "*Melvin Jones Biography*", https://www.lionsclubs. org/zh-hant/discover-our-clubs/melvin-jones-biography (accessed March 31, 2021); Lion C Balaswamy, *Lions 316H District Directory: for 2016-17* (Coimbatore: Signpost Celfon.In Technology, 2016), Google Book, p. 8.

圖 0.1　獅子會發起人茂文鍾士（https://www.
lionsclubs.org/en/discover-our-clubs/melvin-
jones-biography）

圖 0.2　芝加哥商業圈午餐俱樂部會員，
攝於 1918 年。（https://www.youtube.
com/watch?v=SQ__fR6ZZD4）（2015
January, LQ: The Founding of Lions
Clubs International - Lions Clubs Videos）

圖 0.3　早期獅友聚會（https://www.
youtube.com/watch?v=SQ__fR6ZZD4）
（2015 January, LQ: The Founding of Lions
Clubs International - Lions Clubs Videos）

Our（我們）、Nation's（國家）與 Safety（安全）的英文首字母
組合詞[3]，源於一位律師 Halsted Ritter 在 1919 年的芝加哥國際
獅子會議上的建議，意味著互助、凝聚力、良好人格和人生意
義。其縮寫代表總會對於社會公民責任的期望——有需求的地
方，就有獅子會員在（Where There's a Need, There's a Lion.）。

　　1954 年，總會舉辦格言比賽，向全球逾 52 萬名獅友徵集
格言，集思廣益，期望找到一組跨領域、跨文化、跨語言的格

3　Robert J. Casey, W. A. S. Douglas, *The World's Biggest Doers: The Story of the
　　Lions* (Montana: Literary Licensing, LLC, 2011), p. 33.

言，彰顯服務團體的宗旨和精神。最後，由一位來自加拿大的獅友 D.A. Stevenson 創作的格言——We Serve 突圍而出。此格言擁有「持續性」、「國際化」及「精簡易譯」的特性，中文翻譯為「我們服務」，自始獲總會沿用至今。[4]

此外，在顏色設計方面，總會採用紫色和黃色的組合作為主色，應用於刊物、旗幟和服飾等官方物品及用具上。紫色象徵忠誠，意指獅友對個人、朋友以至國家的忠誠態度；黃色象徵個人生命的純樸、真誠、自由與慷慨，意指服務社會的良心。對獅友來說，顏色組合有教育與啟蒙的意味。[5]

國際獅子總會標誌的演變
（Zander Campos da Silva. *Lions Club: The Great Idea of Melvin Jones*, pp. 32–34）

圖 0.4　第一代標誌，用於國際獅子總會成立前。

圖 0.5　第二代標誌，首見於 1918 年 11 月。

圖 0.6　第三代標誌，始用於 1921 年 12 月。

圖 0.7　第四代標誌，演變自第三代標誌，其後一直應用至今。

4　Lions Clubs International, "We Serve Touchstone Story #4", http://lions100.lionsclubs.org/print/EN/media/touchstone-stories/global-expansion/04-we-serve.php (accessed: March 31, 2021).

5　Robert J. Casey, W. A. S. *Douglas, The World's Biggest Doers: The Story of The Lions*, p. 32.

獅子運動的擴展

國際化的進程

國際獅子總會於 1917 年在芝加哥成立之初，以美國領土內的社群為主要服務對象。對當時的總會來說，在其他國家拓展服務是一個即將展開的計劃，也是一個希望達到的長遠目標。[6] 1920 年，總會首次在美國領土以外的國家成立分會，地點是位於加拿大安大略省南部的溫莎，分會名為 Border City Lions Club（其後易名 Windsor [Downtown] Lions Club）。[7] 1926 年，總會在中國天津成立分會，獅友包括中國人、美國人、英國人、法國人、德國人、意大利人與匈牙利人；數月後亦在青島成立分會。當時在中國的獅子會獅友積極服務社會，先後在青島創建眼科診所，並在天津贊助一隊男童軍和設立施膳處。[8]

1930 年代，鑒於美國總統羅斯福提出睦鄰政策，總會相

6   Jeffrey A. Charles, *Service Clubs in American Society: Rotary, Kiwanis, and Lions* (Illinois: University of Illinois Press, 1993), p.132.

7   Gilles Melançon, "History of Lionism in Canada–1920", Quebec Lions, https://quebeclions.ca/canada100/index_htm_files/History-of-Lionism-in-Canada.pdf (accessed March 31, 2021).

8   Lions Clubs International, "Touchstone Story: Lions in China", https://www.lionsclubs.org/pt/node/11911 (accessed: March 31, 2021); Paul Martin, Robert Kleinfelder. *Lions Clubs in the 21ˢᵗ Century* (Bloomington: Authorhouse, 2008), p.138.

圖 0.8　中國獅子運動的推展（https://www.youtube.com/watch?v=cUeRP3QiW4A）
（2016 January LQ: Lions Growth and Expansion - Lions Clubs Videos）

繼在巴拿馬（Panama, C.A.）、哥斯達黎加（Costa Rica, C.A.）、
哥倫比亞（Colombia, S.A.）和波多黎各（Puerto Rico）等地
成立獅子會；服務精神跨越政治、種族、性別、意識形態的界
限和影響，強調服務人民的口號。這是總會推動擴展國際化的
重要進程。[9]

　　第二次世界大戰後，總會擴展國際版圖[10]，當時世界各地
專注在重建國家和民生事務，總會藉此向世界各地伸出援手。
1945 年，總會與 46 個國家設立聯合國的非政府組織部門，協
助聯合國建構穩定的世界和平；每年度的獅子會聯合國日就是
這友好結盟的成果。1947 年，總會已經在 19 個國家設立獅子

9　Jeffrey A, Charles, *Service Clubs in American Society: Rotary, Kiwanis, and Lions*,
　　p.132-134.
10　Ibid, p.140.

會，成績斐然。[11]

　　1950 年代，國際語言小組成立，負責將英文的會訊、報告等翻譯成多種語言，包括法語、德語、意大利語、芬蘭語、日語、中文、瑞典語、韓語等，以便不同國籍和文化背景的獅友查閱。[12] 1957 年，總會成立青少獅，為全球青少年提供擔任服務志願者的機會；時至今日，全球已有 150 多個國家舉辦青少獅活動，青少獅人數達 140,000 人。1968 年，獅子會國際基金會正式成立，至今已撥出超過 8 億美元的款項。[13] 2017 年，總會踏入服務全球和地方社區 100 周年的里程。[14] 現時，總會的獅友來自超過 200 個國家和地區，全球各地有超過 48,000 個分會，獅友人數達 140 萬。[15]

憲章區的設立

　　直至 2020 年為止，國際獅子總會設有 8 個憲章區[16]，

11　Paul Martin, Robert Kleinfelder, *Lions Clubs in the 21st Century*, p. 141.

12　Ibid, p. 145.

13　International Centennial Lions Club Resources, "Timeline: Lions Club International Historical Highlights", http://lionsclubresources.weebly.com/history.html (accessed March 31, 2021).

14　Lions Clubs International, "Lions Journey", https://www.lionsclubs.org/zh-hant/discover-our-clubs/interactive-timeline (accessed March 31, 2021).

15　Lions Clubs International, "Mission and History", https://www.lionsclubs.org/zh-hant/discover-our-clubs/mission-and-history (accessed March 31, 2021).

16　Lions Clubs International, "Advanced Lions Leadership Institute (ALLI)", https://www.lionsclubs.org/en/resources-for-members/resource-center/advanced-lions-leadership-institute (accessed March 31, 2021).

包括：

第一憲章區 — 美國及其屬地、百慕達及巴哈馬；

第二憲章區 — 加拿大；

第三憲章區 — 南美洲、中美洲、墨西哥及加勒比海群島；

第四憲章區 — 歐洲；

第五憲章區 — 遠東及東南亞；

第六憲章區 — 印度、南亞及中東；

第七憲章區 — 澳大利亞、紐西蘭、巴布新幾內亞、印尼及南太平洋群島。

第八憲章區 — 非洲。[17]

總會的行政架構嚴謹。最高領導層為董事會，下設執行委員會及國際總會長。國際總會長負責管理國際獅子總會，並與世界各地獅子會的領導層協調，以管理事務；因應屬會數目的多寡，每個國家或地域設立複合區（Multiple District）或單區（District）；複合區由總監議會議長領導，單區由區總監領導；區會下設分區（Region），區會領導視乎實際情況而決定是否委任分區主席，分區（Region）下設分域（Zone），分域設主席，負責管理屬會（Club）。[18]

---

17 Lions Clubs International, "Lions International Welcomes Africa as Its New Constitutional Area", https://www.lionsclubs.org/en/blog/Lions-International-Welcomes-Africa-as-Its-Newest-Constitutional-Area (accessed March 31, 2021).

18 Lions Clubs International, "Lions Clubs International Organization Chart", https://temp.lionsclubs.org/EN/pdfs/IntlAssocLionsClubs.pdf (accessed March 31, 2021).

服務的號召與履行

自總會成立以來，為視障人士提供服務一直是會方關注的服務領域；並早已為視障人士創造就業機會，例如製作掃帚。1922 年，美國俄亥俄州辛辛那提（Cincinnati, Ohio）的獅友調查當地在學盲童的需要，發現他們需要更多各類型的書籍，於是協助製作盲人專用的書籍供他們閱讀。[19]

1925 年，國際獅子總會在俄亥俄州桑達斯基（Sandusky, Ohio）召開年會，約 7,500 名獅友參加。當時，著名盲人作家海倫凱勒（Helen Keller）在老師的陪伴下，向獅友演講，號召他們成為盲人的武士，協助盲人戰勝黑暗。海倫凱勒同時呼籲獅子會支持美國盲人基金會（American Foundation for the Blind），接觸更多失明人士，並提供教育機會給他們。

海倫凱勒從小失明和失聰，深受殘障對人生發展的影響，但靠自己堅強的意志學習手語、點字，成為美國的社會運動家和知識分子。她出席總會的演講，指出世界上有更多失明人士生活在社會的草根階層。1961 年，國際獅子總會向海倫凱勒頒授人道主義獎，同時加快為失明人士服務的步伐。[20] 1971年，總會的國際理事會宣佈 6 月 1 日為全球「海倫凱勒紀念日」；自此，全球獅子會都會在紀念日舉辦與視力相關的服務。

---

19 Lions Clubs International, "2015 October LQ: Knights of the Blind", YouTube, https://www.youtube.com/watch?v=gN8kr8y7dHs (accessed March 31, 2021).

20 Lions Clubs International, "2015 October LQ: Knights of the Blind".

Dear Lions and Ladies:

suppose you have heard the legend that represents opportunity as a capricious lady, who knocks at every door but once, and if the door isn't opened quickly, she passes on, never to return. And that is as it should be. Lovely, desirable ladies won't wait. You have to go out and grab 'em.

am your opportunity. I am knocking at your door. I want to be adopted. The legend doesn't say what you are to do when several beautiful opportunities present themselves at the same door. I guess you have to choose the one you love best. I hope you will adopt me. I am the youngest here, and what I offer you is full of splendid opportunities for service.

The American Foundation for the Blind is only four years old. It grew out of the imperative needs of the blind, and was called into existence by the sightless themselves. It is national and international in scope and in importance. It represents the best and most enlightened thought on our subject that has been reached so far. Its object is to make the lives of the blind more worthwhile everywhere by increasing their economic value and giving them the joy of normal activity.

Try to imagine how you would feel if you were suddenly stricken blind today. Picture yourself stumbling and groping at noonday as in the night; your work, your independence, gone. In that dark world wouldn't you be glad if a friend took you by the hand and said, "Come with me and I will teach you how to do some of the things you used to do when you could see?" That is just the kind of friend the American Foundation is going to be to all the blind in this country if seeing people will give it the support it must have.

You have heard how through a little word dropped from the fingers of another, a ray of light from another soul touched the darkness of my mind and I found myself, found the world, found God. It is because my teacher learned about me and broke through the dark, silent imprisonment which held me that I am able to work for myself and for others. It is the caring we want more than money. The gift without the sympathy and interest of the giver is empty. If you care, if we can make the people of this great country care, the blind will indeed triumph over blindness.

The opportunity I bring to you, Lions, is this: To foster and sponsor the work of the American Foundation for the Blind. Will you not help me hasten the day when there shall be no preventable blindness; no little deaf, blind child untaught; no blind man or woman unaided? I appeal to you Lions, you who have your sight, your hearing, you who are strong and brave and kind. Will you not constitute yourselves Knights of the Blind in this crusade against darkness?

I thank you.

親愛的獅友與諸位女士：

我想你們都聽過這樣的傳說，機會就像一位善變的女子，她會敲響每一扇門，但是僅只一次，如果這扇門沒有立刻開啟，她將略過它並不再返回。好像事情就該如此。美麗而令人嚮往的女子不善等待。你必須上前攫取。

我就是你的機會。我正敲著你的大門。我渴望被接受。這個傳說並沒有告訴我們，當數個美麗的機會在敲同一扇門時，你該怎麼做。我猜想你必須選擇一個你最喜歡的。我希望你接受我。我是這裡最年輕的，我將給予你的是充滿燦爛的服務機會。

美國盲人基金會 (American Foundation for the Blind) 目前只有四年的歷史。它因盲人緊急的需求而產生，同時也靠盲人自己成立。在領域與重要性上，它是全國性的，也是國際性的。針對我們目前已觸及的對象而言，它代表最好也最具啟蒙的思想。它的目標是透過增加盲人的經濟價值，並給予他們參與正規活動應有的歡樂，使他們的生命無論在哪裡都更加有價值。

試著想像如果你今天突然受傷看不見了，你會有什麼樣的感受。想像自己在正午時絆倒，摸索著前進一如在黑夜中；你的工作、你的獨立自主，都不見了。在那樣黑暗的世界中，如果有一個朋友握住你的手，並且告訴你：「跟我來，我將教導你如何完成某些你尚未失明前辦得到的工作。」你不會因此而感到高興嗎？「美國基金會」正是要成為國內所有盲人這樣的朋友，如果看得見的人們願意給予基金會它所需要的支援。

你也聽過，如何透過其他人的手指所傳達的簡短話語與其他人的靈魂所投射的一縷光線，觸及我心中的黑暗，讓我因此發現自己、發現世界、發現上帝。也因為我的老師聽說過我，並突破因禁我的黑暗而無聲的禁錮，我因此而能為自己也為別人工作。我們需要的是關懷，遠勝於金錢。缺乏關與者同情與關注的禮物是空乏的。如果你關心，如果我們能夠讓國內廣大民眾都付出關心，盲人將真正戰勝失明。

我帶給獅友們的機會是：促進並贊助美國盲人基金會 (American Foundation for the Blind) 的工作。如果有那麼一天，能夠不再有可預防的失明、輕度失聽與失明的孩童來受教育，也不再有未受援助的失明男女，你不幫助我加速那一天的到來嗎？我呼籲獅友們，你們擁有視力與聽力，你們是強健、勇敢與仁慈的。你不任命自己為對抗黑暗運動的「盲人的騎士」嗎？

感謝你。

圖 0.09 及 0.10　海倫凱勒在 1925 年美國俄亥俄州雲杉點國際年會上的演講辭
（ https://www.lionsclubs.org/zh-hant/resources-for-members/resource-center/ hellen-kellcr ）

圖 0.11　1961 年，國際獅子總會向海倫凱勒頒授人道主義獎。
（http://lionsclubresources.weebly.com/history.html）

　　時至今日，總會關注的服務領域已經由視覺伸延至飢餓、
環保、糖尿病及兒童癌症；與這些領域相關的服務經費由國際
獅子基金會負責募捐，以支持以下的服務範疇：

　　　　　　　　　　一、關於視覺議題：總會除了提供視力
相關的醫療服務、眼鏡捐贈和推廣視力知識
教育，亦推動視覺第一計劃。全球約有 89%
的視障人士居於發展中國家，總會於是推出視覺第一計劃解決
這問題。1990 年，總會在第 73 屆國際年會正式公佈視覺第一
計劃 [21]，並與世界衛生組織協商後 [22] 投放超過 140 萬美元。1991
年，印度成功施行 8 萬宗白內障手術，為視覺第一計劃帶來
令人鼓舞的成績。[23]

21　Paul Martin, Robert Kleinfelder, *Lions Clubs in the 21st Century*, p. 67.
22　Ibid, p. 68.
23　Ibid, p. 72.

二、關於解決飢餓議題：總會舉辦食物自願捐贈計劃（Food Collection Initiative）和食物直接捐贈計劃（Direct Food Service），以解決全球 11% 飢餓人口的苦況，以及每年全球三分之一食物生產被浪費的問題。[24]

三、關於環保議題：總會指出由人類文明出現開始，全球有 46% 的樹木數目流失；

有見及此，國際獅子會號召推行植樹（Tree Planting）、學校植樹計劃（School Tree Planting）和保護樹苗（Young Tree Care）等服務。[25]

四、關於糖尿病議題：總會向世界各地宣導糖尿病的相關研究、活動計劃和行動倡議，例如糖尿病健走活動、二型糖尿病篩檢、糖尿病育樂營等，以降低糖尿病的普遍性，並改善患者的生活質素。[26]

五、針對兒童癌症議題：每兩分鐘地球上就會有一個兒童被診斷患上癌症，這種個

24　Lions Clubs International, "Hunger", https://www.lionsclubs.org/zh-hant/start-our-global-causes/hunger (accessed March 31, 2021).

25　Lions Clubs International, "Environment", https://www.lionsclubs.org/zh-hant/start-our-global-causes/environment (accessed March 31, 2021).

26　Lions Clubs International, "Diabetes", https://www.lionsclubs.org/zh-hant/start-our-global-causes/diabetes (accessed March 31, 2021).

案在過去 20 年上升 13%，有超過九成患者的致死病例發生於資源貧乏的地區。為此，總會推出康復者聯誼活動（Survivor Network Event）、半日家庭體驗（Half-day Family Camp）等計劃以幫助患者。[27]

獅子會國際基金會

獅子會國際基金會（Lions Clubs International Foundation, LCIF）成立於 1968 年，透過人道服務方案及撥款支持總會與合作夥伴在全球及當地服務社區。基金會為公共慈善組織，負責接收捐款，撥款予總會提供全球性服務，涵蓋視力第一（Sight First Grants）、匹配撥款（Matching Grants，從前稱為 Standard Grants）、糖尿病（Diabetes Grants）、災難（Disaster Grants）、獅子探索（Lions Quest Grants）、指定撥款（Designated Grants）、青少獅服務撥款（LCIF Leo Service Grant）、區及分會社區影響撥款（District and Club Community Impact Grants）、人道主義獎（Humanitarian Award）、救濟飢餓試行撥款計劃（Hunger Pilot Grant

---

27 Lions Clubs International, "Our Global Causes", https://www.lionsclubs.org/en/explore-our-clubs/our-global-causes (accessed March 31, 2021).

Program）及兒童癌症試行撥款計劃（Childhood Cancer Pilot Grant Program）。[28] 視力第一撥款協助缺乏服務的社區提升醫院和診所質素，為眼疾患者預防失明[29]；匹配撥款方案提供資金捐助建造和設備，如流動醫療單位、殘障或盲人中心、眼科門診、主要醫療設備、療養院和發展中國家的學校，改善生活[30]；糖尿病撥款計劃協助社區發展環境，支持健康生活的方式，提供糖尿病的教育[31]；災難撥款協助天災侵襲地區的長遠重建[32]；獅子探索撥款支援全球學校的獅子探索活動，例如研討會、購置研討會物資、活動評估和研究[33]；指定撥款用於影響全球生活的方案[34]；青少獅服務撥款有助提升青少獅的社區

28 Lions Clubs International Foundation, "Grant Types", https://www.lionsclubs.org/zh-hant/start-our-approach/grant-types (accessed March 31, 2021).

29 Lions Clubs International Foundation, "SightFirst Grants", https://www.lionsclubs.org/zh-hant/start-our-approach/grant-types/sightfirst-grants (accessed March 31, 2021).

30 Lions Clubs International Foundation, "Matching Grants", https://www.lionsclubs.org/en/start-our-approach/grant-types/matching-grants (accessed March 31, 2021).

31 Lions Clubs International Foundation, "Diabetes Grants", https://www.lionsclubs.org/en/start-our-approach/grant-types/diabetes-grants (accessed March 31, 2021).

32 Lions Clubs International Foundation, "Disaster Grants", https://www.lionsclubs.org/en/start-our-approach/grant-types/disaster-grants (accessed March 31, 2021).

33 Lions Clubs International Foundation, "Lions Quest Grants", https://www.lionsclubs.org/en/start-our-approach/grant-types/lions-quest-grants (accessed March 31, 2021).

34 Lions Clubs International Foundation, "Designated Grants", https://www.lionsclubs.org/en/start-our-approach/grant-types/designated-grants (accessed March 31, 2021).

服務質素[35]；區及分會社區影響撥款是將未限制捐款的 15% 轉成撥款，資助分會和區層面的方案[36]；人道主義獎是國際獅子總會最高榮譽獎，支持得主繼續從事慈善工作[37]；救濟饑餓試行撥款計劃協助學校的供餐計劃、食物銀行、食物救濟中心和為最有需要的民眾提供食物的設施[38]；兒童癌症試行撥款計劃則支援癌症兒童及其家庭。[39]

2007 年 7 月，獅子會國際基金會從 34 個全球類似組織之中脫穎而出，獲《金融時報》（*Financial Times*）選為最佳非牟利組織。[40]

35　Lions Clubs International Foundation, "Leo Grants", https://www.lionsclubs.org/zh-hant/start-our-approach/leo-grants (accessed March 31, 2021).

36　Lions Clubs International Foundation, "District and Club Community Impact Grants", https://www.lionsclubs.org/en/start-our-approach/grant-types/district-club-community-impact-grants (accessed March 31, 2021).

37　Lions Clubs International Foundation, "Humanitarian Award", https://www.lionsclubs.org/en/start-our-approach/grant-types/humanitarian-award-winners (accessed March 31, 2021).

38　Lions Clubs International Foundation, "Hunger Pilot Grant Program", https://www.lionsclubs.org/en/start-our-approach/grant-types/hunger-pilot-grant (accessed March 31, 2021).

39　Lions Clubs International Foundation, "Childhood Cancer Pilot Grant Program", https://www.lionsclubs.org/en/start-our-approach/grant-types/cancer-pilot-grant (accessed March 31, 2021).

40　Lions Clubs International, "Accolades", https://www.lionsclubs.org/en/resources-for-members/resource-center/accolades (accessed March 31 2021); "Corporate Citizenship & Philanthropy," *Financial Times*, July 5, 2007.

	機構	國家	責任感	適應力	溝通	執行力
1	國際獅子總會（Lions Clubs International）	美國	5.0	4.8	4.3	4.3
2	環境保衛基金會（Environmental Defense）	美國	4.7	4.3	4.9	4.4
3	世界資源研究所（WRI）	美國	4.8	4.2	4.7	4.4
4	Techno Serve	美國	4.6	4.6	4.8	4.2
5	國際扶輪（Rotary International）	美國	4.6	4.5	4.3	4.4
6	GBC HIV/AIDS	美國	4.3	4.4	4.1	4.5
7	保護國際基金會（Conservation International）	美國	4.4	4.5	4.3	4.2
8	世界自然基金會（WWF）	瑞士	4.4	4.2	4.3	4.4
9	Care	美國	4.6	4.0	4.4	4.3
10	綠色和平（Greenpeace）	荷蘭	4.5	4.3	4.3	4.0

資料來源：“Corporate Citizenship & Philanthropy”，*Financial Times*. 5 July 2007。

圖 0.12 及 0.13　獅子會國際基金會刊登《金融時報》有關非牟利組織的排名報導
“Accolades” https://www.lionsclubs.org/en/resources-for-members/resource-center/accolades

第一章

我們服務：
組織架構歷演進

CHAPTER 1

三〇三區的組織架構與發展

會員結構

會員組成

三〇三區的會員結構由香港及澳門各界社會精英組成,以專業人士和商人為主。入會者須經獅友推薦及屬會邀請,並符合個別屬會的入會要求;例如經屬會會籍理事面試以加深了解入會者,或要求入會者出席屬會活動以加強彼此認識;最後經屬會理事會慎重審核,方能准予入會成為獅友。

自成立以來,三〇三區的獅子運動開展至今已經 65 年。會員人數除了個別時期面對社會經濟困境外,一直穩步上升。1955 年,香港獅子會創立,獅友人數只有 25 人;1960 年臨時區成立之際,獅友人數增加約 100 人。國際獅子會總會於 1961 年指定香港獅子會為「主會」(Host Club),自此會名加上「主會」名銜,即香港獅子會(主會)。

戰後香港社會經濟轉型,工業生產取代轉口貿易成為香港的主要產業,奠定經濟起飛的基石。在工業迅速發展的背景下,會員人數持續增長;從 1960 年代約 500 名獅友,增長

圖 1.1　1974/75 年度三〇三區區職員就職典禮（《港澳獅聲》，1974 年 8 月，頁 8）

圖 1.2　1982/83 年度，時任總監林海涵主持就職儀式。（《港澳獅聲》1982 年 7 月及
8 月，頁 22）

至 1970 年代的 1,000 多人，至 1980 年代初更攀升至約 1,500

人。1982 年，中英兩國就香港前途問題展開談判，市民憂慮

前景不明朗，打擊社會向前發展的信心，獅友人數亦隨之緩緩

下滑至約 1,250 人。1990 年代，受惠於中國改革開放政策，

香港經濟蓬勃發展，獅友人數回升至 1,500 多人。1997 年回歸後不久，香港受到金融風暴的衝擊，獅友人數再度下滑，至 2003 年只有約 1,200 人；其後人數逐漸攀升，至今約有 2,200 名獅友。

圖 1.3　1994/95 年度，三〇三區區職員暨屬會職員就職典禮。（《港澳獅聲》1994 年 7 月及 8 月）

圖 1.4　2020/21 年度，三〇三區區職員暨屬會職員就職典禮，總監權槌交接儀式。（三〇三區提供）

會員發展

獅子會強調出心出力服務，因此非常關注獅友的質素；每一位經過審核甄選加入三〇三區的新獅友，區會都鼓勵他們參與培訓課程，提升自己。

三〇三區每年度都會籌辦會員研討會，旨在增強獅友對獅子運動、社會責任、回饋社會的認知。講題涵蓋國際獅子運動及港澳獅子運動的歷史發展概況、獅友的責任和義務，亦會就區會的組織、擴展、服務項目等議題作出討論。[1]

獅子會是一個重視平等的組織，每位獅友都有機會經過培訓而成為領袖。以 1975 年為例，三〇三區籌辦會務研討會，分別由會長組、文書財務組及新會員指導組主持分組會議。新獅友先獲發入會手冊，並安排出席新會員指導組會議，認識獅子運動的內涵和意義；會長組的會議談及獅友接受培訓成為會長的機會。新成員雖然不可能迅即晉升會長，但經過一系列的培訓後，就有可能達到目標。與會者指出，每一位獅友均擁有平等機會出任會長，機會大小視乎每人本身的才幹及所受訓練的成績而定。培訓過程重視按部就班的工夫，獅友出任會長之前，必先經過秘書及副會長職位的訓練，藉此接觸及學習不同階層的工作。獅友成為秘書之後，對三〇三區的會務會更加了

1　〈新會員研討會〉，《港澳獅聲》，1978 年 1 月，頁 9-11；〈新會員研討會〉，《港澳獅聲》1980 年 1 月，頁 17；〈三〇三區新會員研討會報告〉，《港澳獅聲》，1981 年 1 月，頁 9；〈舉行新會員研討會〉，《港澳獅聲》，1982 年 1 月，頁 26。

解，並且會提昇對服務的興趣。完成秘書的任期後，獅友可以依次出任第三副會長、第二副會長、第一副會長，並在不同階段的崗位上執行各項工作計劃。經過各階段的培訓並且累積相當的經驗後，獅友方有資格獲選為會長，全權負責推進會務。[2]

1990 年代，為了進一步提高會務的水平，部份獅友更有機會參與領袖培訓的增值課程。三〇三區曾撥出約 1 萬美元以培訓 20 名獅友成為區培訓員，包括兩名青獅。他們學習設計、推廣、主持及評估服務，以便日後有效地組織和推動社會服務，以充分落實服務社群的理念。[3]

以往每個年度開始的時候，區會都會安排區職員、區委員會成員、屬會會長、第一副會長、秘書和司庫共同參與領袖培訓研討會，透過區會前領導及資深導師的指引，加深參與者對領導責任及技巧的認識，學習面對和處理問題，以提昇各級職員的領導質素；加強他們對區務及會務運作的了解並自我改進；推動整體區務及會務的運作並促進彼此的溝通；以及增進各區職員及屬會職員應付繁重工作的技巧及組織能力。[4]

2　國際獅子會三〇三區會務研討會記錄，1975 年 5 月 31 日。

3　〈千萬美元之區培訓計劃，得益幾何？〉，《港澳獅聲》，1995 年 8 月，頁 41。

4　〈領導才能研習班〉，《港澳獅聲》，1993 年 12 月，頁 14-15；〈95-96 年度會長領導才能研討會〉，《港澳獅聲》，1995 年 10 月，頁 31；〈For Club Presidents 96-97 Leadership Development Seminar〉，《港澳獅聲》，1996 年 9 月，頁 20；〈1997-98 年度港澳三〇三區會長領導才能研討會〉，《港澳獅聲》，1997 年 7-8 月，頁 35；〈2000-2001 年度領導才能研討會〉，《港澳獅聲》，2000 年 7-8 月，頁 19；〈2002-2003 年度領導才能研討會簡報〉，《港澳獅聲》，2002 年 9-10 月，頁 15。

圖 1.5 1960 年代，獅友參與在半島酒店舉行的獅子會領袖培訓課程。（《港澳獅聲》1968 年 6 月，頁 13）

　　有關區職員培訓，以 2003/04 年度為例，先由時任總監簡介國際年會的最新消息和領導藝術，讓各區職員瞭解自我領導的趨向；同時舉行「禮規及研習」以提昇各人對獅子會禮儀的認知，並邀請嘉賓主講與領導相關的議題。[5] 至於屬會職員培訓，重點在簡介該年度區會的各項服務項目；培訓由區秘書、區司庫、分區主席、分域主席及其他導師任主講，內容包括工作經驗、責任、禮規、憲章及獅子會組織等。[6] 這類培訓強調區職員及屬會職員的團隊精神及互相合作的重要性。

　　時至今日，總會強調發展三項元素，包括領導（Leadership）、會員（Membership）與服務（Service），因而分別設立全球領導開發團隊（Global Leadership Team,

<hr />

5　〈區職員領導才能學院圓滿完成〉，《港澳獅聲》，2003 年 7-8 月，頁 22。

6　〈區職員、屬會職員及區委員會主席領導才能培訓〉，《港澳獅聲》，2009 年 7-8 月，頁 30-31。

圖 1.6 1981/82 年度三〇三區新會員研討會，時任總監鄧河講解三〇三區獅子運動。(《港澳獅聲》1982 年 1 月，頁 26)

圖 1.7 1981/82 年度三〇三區新會員研討會，時任研討會主席何榮高致辭。(《港澳獅聲》1982 年 1 月，頁 26)

圖 1.8 1981/82 年度三〇三區新會員研討會，新獅友就研討會議題提出諮詢。(《港澳獅聲》1982 年 1 月，頁 26)

圖 1.9 1983/84 年度三〇三區新會員研討會，講員及主席團，圖左起：黃文謙、甯德臻、林海涵、鄧河、畢禹徵、余文倫。(《港澳獅聲》1984 年 1 月，頁 17)

GLT)、全球會員發展團隊（Global Membership Team, GMT）及全球服務團隊（Global Service Team, GST）；由全球行動團隊（Global Action Team, GAT）統一管理，為獅友提供知識、資源及技巧，延續服務社會的獅子精神。[7]

7　Lions Clubs International, "GAT Field Guide", https://cdn2.webdamdb.com/md_Allvw45zkQ04.jpg.pdf?v=2; "The Global Action Team," https://www.lionsclubs.org/zh-hant/resources-for-members/resource-center/global-action-team (accessed March 31, 2021).

圖 1.10　1995 年領袖培訓課程，提昇獅
友質素。(三〇三區提供)

圖 1.11　1995 年領袖培訓課程，提昇獅友質
素。(三〇三區提供)

圖 1.12　2000/01 年度領導才能研討會（《港澳獅聲》，2000 年 7 月及 8 月)

圖 1.13　2018/19 年度屬會會長及職員領導才能工作坊（三〇三區提供)

經費籌募

　　為維持日漸擴展的多元服務，籌措經費成為三〇三區每年的重要任務。三〇三區每年度舉辦籌款活動，從 1955 年香港獅子會所籌辦的慈善餐舞會，一直沿用至 1980 年代初改由步行籌款方式代替，目的都是向獅友召集經費，交予港澳獅子基金託管，以應付每年度龐大的服務開支。

1960 至 1981 年的籌款活動：慈善餐舞會

　　自從香港獅子會、九龍獅子會及半島獅子會相繼成立之後，每年度都會籌辦獅子會聯合慈善餐舞會（Lions Club Joint Charity Ball）籌集經費，營運該年度各項服務計劃。[8] 1962 年在將軍澳設立青年營[9]、1962 年提供兩輛救護車接載貧困市民、為寮屋區居民提供眼科診療車都是服務計劃的好例子。[10]

　　1960 年代末至 1970 年代初，慈善餐舞會增添抽獎環節，

8　"Lions Clubs' Charity Ball Committee," *South China Morning Post*, Feb 21, 1961; "Lions Clubs Joint Charity Ball," *South China Morning Post*, March 23, 1961; "Lions Clubs Charity Ball," *South China Morning Post,* March 4, 1962.

9　"Hong Kong Lions Club: Charity Ball to be Held in March," *South China Morning Post*, Feb 9, 1957; "Lions Club of Hong Kong: Governor and Lady Grantham at Annual Charity Ball," *South China Morning Post*, March 12, 1957; "Coming Events: Lions Club Annual Charity Ball," *South China Morning Post*, March 18, 1959；畢偉文編：《香港獅子運動二十五年之成就過程》（香港：獅子會港澳三〇三區，1982），頁 20。

10　"Lions Clubs: Joint Charity Ball Being Organized," *South China Morning Post,* Jan 5, 1962.

圖 1.14　1966 年，獅子會聯合慈善餐舞會，籌集經費。（香港獅子會（主會）提供）

並將抽獎結果刊登於報章，後來一直沿用。[11] 以 1980/81 年度的
慈善餐舞會為例。區會先製定該年度的籌款目標，再由工作小
組負責辦理籌款，形式以刊登廣告、購買獎券、認捐獎券為
主；所籌得的經費，悉數撥入各項社會服務項目。[12]

　　按照不成文的慣例，每屆籌款工作小組都會邀請港督或政
府主要官員出席慈善餐舞會[13]，例如 1971 年邀請港督戴麟趾爵
士（Sir David Clive Crosbie Trench）[14]；1976 年邀請輔政司羅弼

11　"Lions Clubs Joint Charity Ball 1969," *South China Morning Post,* April 28, 1969;
"1970 Lions Clubs Joint Charity Ball Raffle Draw Result," *South China Morning Post,* April 8, 1970; "Lions Clubs Joint Charity Ball 1971," *South China Morning Post,* March 18, 1971; "Lions Clubs District 303 Joint Charity Ball 1972," *South China Morning Post,* March 27, 1972; "Lion Clubs District 303 Joint Charity Ball 1973," *South China Morning Post,* April 18, 1973.

12　〈區會舉行一九八○至一九八一年度聯合慈善餐舞會〉，《港澳獅聲》，1981 年 5 月，頁 8-9。

13　"Governor Attends Charity Ball," *South China Morning Post,* March 26 1961; "Governor attends Lions' Charity Ball," *South China Morning Post,* March 10, 1963.

14　〈三○三區獅子會舉行慈善餐舞會〉，《工商日報》，1971 年 3 月 10 日。

圖 1.15　1971 年，獅友在天星碼頭以獎券形式
籌措經費，營運該年度各項服務計劃。（三〇三
區提供）

圖 1.16　1971 年獅子會聯合慈善餐舞
會，左起：時任總監李國賢、莊智博夫
人、香港總督戴麟趾爵士、時任慈善餐
舞會工作小組主席莊智博。（《香港獅聲》
1971 年 4 月，頁 3）

圖 1.17　1980/81 年度聯合慈善餐舞會（《港澳獅聲》1981 年 5 月，頁 8）

時爵士（Sir Denys Tudor Emil Roberts）、新界政務司鍾逸傑爵
士（Sir David Akers-Jones）、社會福利署李春融署長伉儷等。[15]

15　〈三〇三區獅子會慈善餐舞會盛況〉，《香港工商日報》，1976 年 3 月 23 日。

1981 年及以後的籌款活動:「獅子行」

踏入 1980 年代,三〇三區改為籌辦聯合慈善籌款運動「獅子行」[16],作為三〇三區的獅友活動。獅子行以慈善步行的形式,為下年度的服務計劃籌募經費;一如既往的籌款活動,所籌得的款項撥入各項服務計劃。以 1983/84 年度獅子行為例,受惠的服務對象包括老人院、志願戒毒會、大埔青年中心興建工程、將軍澳青年營、保良局北潭涌獅子會體育館等;其後亦相繼贊助「香港眼庫」、醫院、工業學校、聾人中心、健康中心等。[17]

從 1989 年起,三〇三區為「獅子行」活動加入服務元素,每年各有不同的籌款主題;例如「植樹獅子行」[18],藉著植樹活動及步行為三〇三區每年度的服務計劃籌募款項。以 1988/89 年度植樹獅子行為例,籌得的款項為來年的服務項目包括獅子會眼庫、禁毒警覺、挑戰糖尿病、扶幼助老、公民

---

16 〈一九八二至八三年度獅子行籌款運動四月十日〉,《港澳獅聲》,1983 年 5 月,頁 8 -9;〈一九八三至八四年度聯合慈善籌款運動獅子行—四月十五日〉,《港澳獅聲》,1984 年 5 月,頁 7;〈一九八四至八五年度聯合慈善籌款運動獅子行—四月十四日〉,《港澳獅聲》,1985 年 5 月,頁 14;〈一九八五至八六年度聯合慈善籌款運動—獅子行〉,《港澳獅聲》,1986 年 6 月,頁 13。

17 〈一九八三至八四年度聯合慈善籌款運動獅子行—四月十五日〉,《港澳獅聲》,1984 年 5 月,頁 7。

18 〈植樹獅子行 88/89〉,《港澳獅聲》,1989 年 5 月,頁 12;〈植樹獅子行 89/90〉,《港澳獅聲》,1990 年 4 月,頁 23;〈植樹獅子行 91 至 92〉,《港澳獅聲》,1992 年 5 月,頁 27;〈植樹獅子行 92 至 93〉,《港澳獅聲》,1993 年 2 月,頁 19;〈植樹獅子行 94/95〉,《港澳獅聲》,1995 年 4 月,頁 28-29。

圖 1.18　1981/82 年度首屆慈善籌款運動「獅子行」（前總監林海涵提供）

圖 1.19　1985/86 年度獅子行在保良局北潭涌渡假營舉行（三〇三區提供）

教育、保護環境等作好準備。[19] 也有一年的獅子行專門為籌建
獅子會自然教育中心為目標。[20] 2017 年度則以「獅子邁步新世
紀」為主題，配合國際獅子總會正式踏入 100 周年。[21]

19　〈植樹獅子行 88/89〉，《港澳獅聲》，1989 年 5 月，頁 12。
20　〈植樹獅子行 89/90〉，《港澳獅聲》，1990 年 4 月，頁 23。
21　〈獅子行 2017—獅子邁步新世紀〉，《港澳獅聲》，2017 年 1-2 月，頁 28-29。

圖 1.20　1988/89 年度植樹獅子行（三〇三區提供）

圖 1.21　1988/89 年度，行政及立法兩局首席議員李鵬飛太平紳士主持紀念植樹活動牌匾揭幕儀式。（三〇三區提供）

圖 1.22　1988/89 年度，主禮嘉賓主持植樹儀式，圖左起：范佐浩、Mr. A.P. Bennett、時任總監沈樂年、李鵬飛。（三〇三區提供）

圖 1.23–1.26　直至近年，獅子行仍然是主要的籌募活動。

港澳獅子基金

港澳獅子基金成立於 1976 年 6 月 29 日，為政府認可之慈善團體，負責託管三〇三區的服務基金及捐款，為三〇三區一切不動產的業權人。

基金所有成員一律是獅友，而且必須為屬會前會長；基金的主要工作是托管區會各項籌款活動，如慈善獅子行中籌募得來的款項，以及社會各界人士捐贈的善款，並審核各項經三〇三區核准的服務計劃的撥款申請，是否符合港澳獅子基金會章程的規定範圍。[22]

組織架構

完善的管理制度是三〇三區在香港和澳門推展獅子運動的重要基石。1960/61 年度，香港共有三個獅子會，獅友人數約有 100 人，雖然與國際獅子總會憲章當時的規定須有 6 個分會始可組成臨時區尚有一段距離，但國際獅子總會仍然破例特許香港成立臨時區，區號為三〇三區[23]；區號是依照憲政區內成立分會的先後次序而編製的。自此，三〇三區依據國際獅子總會模式，設立一套行政架構，各區職員各司其職，協力管治區會。

---

22 〈港澳獅子基金〉，《港澳獅聲》，1996 年 9-10 月，頁 35。
23 Zander Campos da Silva, *Lions Club: The Great Idea of Melvin Jones.* p. 95.

區會成立之初，行政架構設有總監、區秘書及區司庫等職銜。國際獅子總會委任香港獅子會前會長阮潤桓為首任區總監，作為區會最高領導人，負責主持及組織區會運作；並由獅友分別擔任區秘書及區司庫，協助區總監完善區會運作，負責處理開會記錄及財政文件。1960 年代初，組織架構增設上屆總監與副總監，以協助區總監；1969/70 年度設分域主席，協助總監管理香港區及九龍區屬會；1970 年代初增設執行總幹事，協助區職員籌辦及組織服務。後來在 1970 至 1990 年代期間，隨著屬會的增長而增設多位分域主席，以協調區會與屬會之間的運作。1993/94 年度，增設分區主席。2010/11 年度起，原有的副總監一分為二，變為第一副總監及第二副總監兩個職位。[24]

區會曾於 1970 年代增設培才組主席及籌劃組主席兩個職位，與國際獅子總會的相關小組聯繫及提供報告。培才組主席的設立，是為了爭取區會發展和組織領袖才能活動；籌劃組主席則負責與總會保持聯絡，作出調查以改善獅子會的服務及資料，並定期向總會報告獅子運動的成果。[25]

---

24 《港澳獅子會服務六十週年紀念特刊》（香港：國際獅子總會港澳三〇三區，2015），頁 28–39。

25 〈香港主會—「潘光迥獅兄獎學金」籌得十萬元〉，《港澳獅聲》，1979 年 1 月，頁 10。

區務委員會結構

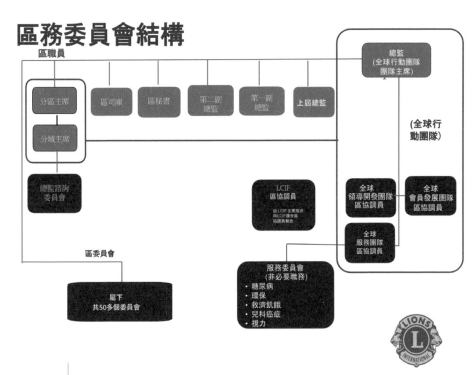

圖 1.27　現屆區務委員會結構圖（三〇三區提供）

圖 1.28　現屆區務委員胸章（三〇三區提供）

刊物出版

《港澳獅聲》是國際獅子總會、三〇三區暨各屬會的官方期刊；其前身是 1967 年 11 月創刊的《香港獅聲》[26]，至今已有逾 50 年的歷史。作為傳播媒介，《港澳獅聲》在報導會務訊息的同時，亦有團結屬會及凝聚獅友的功能，推進獅子精神。

以 1977 年 10 月出版的《港澳獅聲》為例，刊物的傳閱對象為 1,200 名獅友，內容主要記載三〇三區服務計劃的方針、運作及成果，提供各地獅友服務社群和發揚獅子運動精神的消息，並向社會人士交代服務報告，從而增強聯誼獅友及屬會之間的關係，讓他們與區會同步成長。[27]

1977 年，國際獅子總會會長麥樂倫（Sobral）到訪香港，表示非常滿意《港澳獅聲》的出版時間模式、內容編排、紙質及印刷，認為已經符合國際獅子總會規定的認可標準。同年 10 月，國際獅子總會理事會一致通過批准接納《港澳獅聲》為國際獅子總會的合法刊物。1978 年 3 月 23 日，《港澳獅聲》編輯委員會主席及總編輯李啟勳去函國際獅子總會，呈報港澳三〇三區將依據國際理事會的規定出版 7 月及 8 月綜合版的首期合法刊物，結果在 4 月 5 日得到國際獅子總會覆函

---

26 《香港獅聲》，1967 年 11 月。

27 〈港澳獅聲創刊十週年〉，《港澳獅聲》，1977 年 10 月，頁 4；〈港澳獅聲渡過煩難的十年〉，《港澳獅聲》，1977 年 10 月，頁 16-17。

致意。自 1978 年 7 月 1 日起,《港澳獅聲》成為國際獅子總會的合法刊物,並刊印由國際獅子總會供應國際性的文稿及消息;包括總會會長、副會長及國際理事所撰寫的文章。[28]

自此,《港澳獅聲》成為獅友重要的世界性通訊工具,刊登世界各地獅友為當地社區人群服務的資訊,好讓獅友了解到他們是隸屬於一個國際性的服務團體。1980 年代,執行總幹事兼獅聲雜誌總編輯麥祿嘉士(Mark C. Lukas)在會議上表示:

> 你們是國際獅子總會的聲音,你們是有責任把我們總會的國際性質表達於你們的獅聲版本中和把獅子的訊息帶給公眾的,須登載有關國際獅子會基金、禁毒警覺、糖尿病教育及研究、會籍增長和參與國際年會與其他對總會各項計劃與目標的重要事項,從而聯結遍及世界各地的獅友,以及促進國際獅子總會的人道主義理想和計劃目標。[29]

《港澳獅聲》編輯委員會以獨立模式運作,由編輯、副編輯、司庫、經理和義務秘書組成,另設兩名職員。刊物財政穩健,除了獲國際總會資助外,主要收入來源為廣告收益和會員會費。[30]

《港澳獅聲》為雙月刊,近年增設網上版本。刊物內容涵

---

28 〈港澳獅聲榮獲國際承認〉,《港澳獅聲》,1977 月 9 月,頁 9;〈港澳獅聲〉,《港澳獅聲》1978 年 5 月,頁 9。

29 〈編輯會議研討更佳途徑 增強國際獅子總會的聲音〉,《港澳獅聲》,1989 年 1 月,頁 4。

30 口述歷史訪問,何麗貞女士,2020 年 9 月 17 日。

圖 1.29　1967 年 11 月《香港獅聲》封面

圖 1.30　1972 年 7 月《港澳獅聲》封面

圖 1.31　1968/69 年度區會出版組合照（《港澳獅聲》1977 年 10 月，頁 18）

蓋國際總會、區會、屬會、辦學團體、聯屬團體等活動報告，讓讀者清楚掌握國際總會及三〇三區的最新動向。區會負責收集各屬會編撰的稿件，經由編輯審閱、編輯文字和照片，再交予總編輯及主席通過採用。刊物在選登文稿上有一項重要規定，涉及宣傳個人主義而非介紹服務的稿件一律不予刊登。隨

著近年引入「優」標誌制度，在優異文章的末端一律印上一個「優」字，以示嘉許，整體稿件質量亦因而有所提昇。為了鼓勵屬會發表優質的文章，全年獲得最多「優」標誌的屬會可獲頒最佳屬會獎。[31]

獅子歌

一般有規模的組織都有代表性的歌曲，三〇三區也不例外。詠唱歌曲有助服務團體積極參與活動，聯繫成員友誼，也可以作為辨識獅友的主要元素之一，豐盛獅友的成長過程。歌曲亦廣泛應用於獅子會就職典禮、例會、理事會、活動、服務等場合，藉以強調獅友身份及對外展示團結。[32]

1926 年，國際獅子總會出版首部歌集《獅子之歌》(*Songs for Lions*)[33]，主要收錄歌曲修訂版本，如 *Ain't We Got Fun*、*Don't You Hear Those Lions Roar?* 等。

時至今日，獅子會分會遍佈世界各地，所編寫及詠唱的獅子歌都各有不同。三〇三區成立初期，獅友主要詠唱兩首獅子歌，分別是《我抱有獅子精神》(*I've Got That Lion Spirit*) 及

---

31 口述歷史訪問，何麗貞女士，2020 年 9 月 17 日。

32 Lions Clubs International, "Touchstone Story#98: Where can You Hear a Lion Sing like a Bird?", http://lions100.lionsclubs.org/print/EN/media/touchstone-stories/maintaining-culture-fun/98-musical-lions.php (accessed March 31, 2021).

33 *Songs for Lions*.

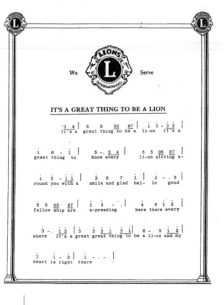

圖 1.32 《我抱有獅子精神》 | 圖 1.33 *It's a Great Thing to be a Lion*

《Hail, Hail 獅子在這兒》（*Hail, Hail, The Lions Are Here*）。[34] 1980 年代，三〇三區獅友詠唱 *It's a Great Thing to be a Lion* 和《我抱有獅子精神》（*I've Got That Lion Spirit*）。當中 *It's a Great Thing to be a Lion* 的原曲為英國於第一次世界大戰前編寫的歌曲 *It's A Long Way To Tipperary* 的副歌，後來改編成為國際獅子總會其中一首獅子歌；[35] 1984/85 年度，三〇三區時任總監甯德臻建議採納此歌為三〇三區官方場合主要歌曲，沿用至今。至於 *I've Got That Lion Spirit* 亦廣泛用於三〇三區及國際獅子總會活動場合。

---

34 《國際獅子會三〇三區會務研討會記錄》，1975 年 5 月 31 日。

35 *Songs for Lions.*

G 2/4 **Hail, Hail The Lions Are Here**
HAIL, HAIL, 獅子在這兒

Hail, hail, the Lions are here,
Hail, Hail, 獅子在這兒，
Don't you hear them Roaring?
您沒有聽到吼聲？
Don't you hear them Roaring?
您沒有聽到吼聲？
Hail, hail, the Lions are here,
Hail, Hail, 獅子在這兒，
Don't you hear them Roaring now?
您沒有聽到吼聲嗎？

圖 1.34　Hail, Hail 獅子在這兒

圖 1.35　《獅子之歌》第一版封面

圖 1.36　《獅子之歌》第三版封面

圖 1.37　《獅子之歌》第四版封面

圖 1.38　《獅子之歌》第七版封面

1.2 屬會組織

經區總監的同意和／或國際獅子總會的批准下，在憲章區內可組織成立屬會。[36] 隨著香港獅子會、九龍獅子會與半島獅子會相繼成立，並於 1960/61 年度組成臨時區，獅子運動的發展漸上軌道，新創建的屬會與日俱增。及至 1970 年，三〇三區的服務對象更延伸至澳門地區，於 1971 年成立第 11 個屬會「澳門獅子會」，此舉令三〇三區的地域名稱得以冠上「港澳」二字，稱為「港澳三〇三區」。[37]

在歷屆區會總監的領導下，屬會數目持續增長。1960 年代初臨時區成立之際只有 3 個屬會，1970 年代初增至 10 多個屬會，1970 年代中期更增至 20 多個屬會。其後屬會數目持續攀升，1980 年代增至 30 多個，1990 年代達到 50 多個，2000 年代中期約有 60 個，2010 年代中期則增長至 70 多個。今天三〇三區轄下共設有 95 個屬會，蔚為大觀。

在歷任會長的領導下，屬會在香港各區推展各項社會服務

---

36 Lions Clubs International, "Constitution and By-Laws", https://www.lionsclubs.org/en/resources/79863642 (accessed March 31, 2021).

37 《港澳獅子會服務六十週年紀念特刊》，頁 220-221。

計劃，包括教育、醫療、青年發展、救濟飢餓、環保、視力及美化城市等範疇。屬會亦響應總會號召以「我們服務」為宗旨，實踐獅子會的出錢、出力、出心、出席的「四出精神」，貢獻地區。

　　為推動香港獅子運動的發展，部份屬會在獲國際獅子總會授證創立後，先後協助成立屬會。以半島獅子會為例，先後協助創立青山獅子會、北九龍獅子會、九龍塘獅子會、香港半島女獅子會（明珠獅子會前身）及明珠獅子會。其後，新創立的屬會再協助成立其他屬會，青山獅子會分別協助創建尖沙咀獅子會及西九龍獅子會，而尖沙咀獅子會繼而又協助創立新界獅子會及國金獅子會；西九龍獅子會則協助創立沙田獅子會。至於北九龍獅子會則先後協助創立南九龍獅子會、筆架山獅子會、城市獅子會、新界東獅子會及行樂獅子會，然後再由南九龍獅子會協助創立何文田獅子會；城市獅子會協助創立香港環球獅子會、炮台山獅子會及摩利臣山獅子會；筆架山獅子會所創建的香港北區獅子會，則協助創立元朗獅子會及尖東獅子會。自半島獅子會創辦至今，已衍生至第七代，共計 26 個屬會。[38]

---

38 《會員總名冊 2020-2021》（香港：國際獅子總會港澳三〇三區，2020）。

青年獅子會

青年獅子會（LEO Club，簡稱「青獅」）的創設及青獅運動的推展，源自 1957 年一位中學生 Bill Graver 的構想。Bill 的父親是一位獅友，在父親的協助下，35 名中學生創立了第一個青年獅子會，包括 26 名棒球隊成員及 9 名學生；其後發展至國際獅子總會的服務計劃之一，成為一個由青年主導的服務團體。[39] 時至今日，青獅運動遍及 150 個國家及地域，約有 7,200 個分會，青獅人數逾 14 萬人。[40]

青年獅子會的英文 LEO，分別為 Leadership、Equality（後來改為 Experience）及 Opportunity 的英文首字母組合詞，意指透過參與社會服務工作，讓青年發展個人的潛能和責任感，汲取經驗及爭取機會，發揮領導才能。

1968/69 年度，在時任總監的領導下，青獅運動在香港萌芽。其時，太平山獅子會及香港獅子會（主會）為響應國際獅子總會會長伊雲士（David. A. Evans）「輔導青少年活動」的

---

39 Paul Martin, Robert Kleinfelder, *Lions Clubs in the 21st Century*, p. 257.

40 Lions Clubs International, "Where There's a Need, There's a Leo", https://www. lionsclubs.org/zh-hant/discover-our-clubs/about-leos (accessed March 31, 2021).

號召，贊助創立太平山少獅會及少獅會（主會）。[41]

1978/79 年度，三〇三區青年獅子會的數目達至 6 個，符合成立青年獅子區會的標準，於是展開籌備工作，統籌及聯繫各青年獅子會。在籌備期間，先由三〇三區前總幹事畢偉文與國際獅子總會接洽；隨後，時任總監何榮高與青獅組主席黃偉慶及六會代表，組織第一次青年獅子區會會議，並選出主要職員。1979 年 6 月 17 日，青年獅子區會由三〇三區贊助正式成立，是青獅運動的重要里程。[42]

青獅屬會是承襲贊助的獅子會屬會而命名，獅子會屬會需派出一位獅友為青獅指導策劃服務計劃，作為兩會之間的溝通橋樑。策劃的服務項目計劃包括籌募社會服務基金、安排獅友聯誼及康樂活動、定期例會和年會、舉行各項訓練活動和比賽，以及參加國際青年交換計劃。

1991 年，少獅會易名為青年獅子會。1992 年，青獅運動延伸至澳門。目前，香港及澳門共有 51 個青年獅子會，青獅人數達 1,028 人。

---

41 《港澳獅子總會四十周年紀念特刊》（香港：國際獅子總會港澳三〇三區，1995），頁31。

42 《港澳獅子會服務六十週年紀念特刊》，頁 402。

圖 1.39　1979 年，三〇三區少獅會選舉就職後，時任總監何榮高、總幹事畢偉文、候任副總監余文倫，區少獅組主席黃偉慶及觀塘盧政浩，太平山徐樹榮、謝柱祥、鑪鋒何紹章、傅朝春與全體少獅區會職員合照。(《獅聲》1979 年 7 及 8 月，頁 15)

圖 1.40　1979 年，少獅區會新會長葉錦添就職後，與時任總監何榮高、少獅組主席黃偉慶合照。(《獅聲》1979 年 7 及 8 月，頁 15)

圖 1.41　2018/19 年度青獅區服務

圖 1.42　青年獅子區會四十周年慶祝晚宴，2019 年。

1.4 女獅會

　　1987 年，美國最高法院裁定，排斥女性於服務團體之外是歧視性的行為。[43] 國際獅子總會隨即作出調整，允許女性加入成為正式會員。同年 7 月，國際獅子總會在台北舉行第七十屆國際獅子年會，會上其中一項議程是修訂憲章及附則，刪減詞彙「男性」作為獅子會正式會員的條件，並獲得 77% 的贊成票通過。自此之後，男性和女性均可成為獅子會正式會員，兩者皆可享受會員權益和責任。[44] 同年 9 月，全球約有 3,500 名女性加入成為正式會員。[45] 自此，官方出版刊物《獅聲》指出，隨著女性會員人數的增長，有助於建立服務團體的形象，廣泛地認同女性為獅子運動所作出的貢獻。

　　回顧 1987 年以前，女性尚未取得正式會員資格，她們只能以附屬會員的身份成立女獅會。三〇三區首兩個女獅

43　Paul Martin, Robert Kleinfelder. *Lions Clubs in the 21st Century*, p. 177.

44　〈國際獅子年會本年七月首次在遠東的台北舉行〉，《港澳獅聲》，1987 年 9 月，頁 4、6。

45　Sarah Katheryn Nathan. "Making 'We Serve' an Inclusive Mission: How the Fargo Lions Club Integrated Women into Full Membership" (Master's thesis, Indiana University, 2009), p.27-31.

會——鳳凰山女獅會及香港主會女獅會創立於 1979 年，分別
由兩個屬會——鳳凰山獅子會及香港主會贊助成立；其後有
8 個女獅會相繼成立。女獅會帶有附屬性質，因此以相應屬會
命名。女獅會有社會服務、聯誼與海外其他分會結盟的功能。
雖然以獨立形式運作，但女獅只能召開會議商討服務項目的運
行。女獅不能擔任屬會主席，也沒有投票權，更沒有資格擔任
區會任何職務。[46]

　　自從國際獅子總會對會員條件作出變更後，女性會員的地
位因此確立，三○三區女獅會亦相繼解散。當中五個女獅會的
成員其後成立屬會，分別是紅山、淺水灣、明珠、中區、紫荊
獅子會，其服務模式和性質與一般屬會完全相同。

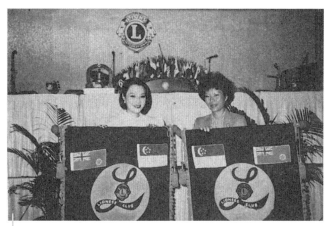

圖 1.43　1985 年，鳳凰山女獅會會長劉思樺（左）與新加坡西區女獅會會
長 Isabell Cheong（右）交換結盟旗。（《港澳獅聲》1986 年 1 月，頁 62）

46　口述歷史訪問，何麗貞女士，2020 年 9 月 17 日。

圖 1.44　鳳凰山女獅會與新加坡西區女獅會交換結盟證書，由兩區總監主禮。由左起 308-A 區總監 Shiv P. Banerjee，新加坡西區女獅會會長 Isabell Cheong，劉思樺會長，三〇三區總監冼祖謙。（《港澳獅聲》1986 年 1 月，頁 62）

圖 1.45　香港主會女獅會參與三〇三區聯合午餐例會（香港主會女獅會提供）

圖 1.46　香港主會女獅會參與洗腎救人獅子行（香港主會女獅會提供）

圖 1.47　1992 年，香港半島女獅會會長陳蕙婷召集女獅與家眷參與三〇三區「植樹獅子行」。（香港半島女獅會提供）

圖 1.48　香港寶馬山女獅會錦旗（香港寶馬山女獅會提供）

圖 1.49　獅子山獅子會及獅子山女獅會慈善餐舞會（獅子山女獅會提供）

扎根鞏固：
國際本地共接軌

CHAPTER 2

百廢待興：戰後香港社會
（1955 — 1969）

社會問題的成因

人口過度增長

第二次世界大戰結束後，中國內地政局動盪，大量難民湧入香港，以致人口結構經歷巨變。香港人口在 1945 年日本佔領結束後大約有 50 萬，其後在短短兩年間飆升至 180 萬，並於 1951 年超過 200 萬。[1] 往後後十年，香港人口上升至約 320 萬，增長的 120 萬人口之中，從中國內地偷渡而來的難民佔 36.6%（422,200 人）。[2] 偷渡潮在 1960 至 1970 年代持續出現；1962 年中國放寬出境管制、文化大革命、文革後的大蕭條等事件都是促使大量內地人民偷渡往香港的原因。長年不斷的偷

1　Government Printer, *Hong Kong Annual Report 1951* (Hong Kong: Government Printer, 1952), p. 24.

2　Government Printer, *Hong Kong Annual Report 1961* (Hong Kong: Government Printer, 1962), p. 33; Chan Kwok-Leung, "Demographic Setting of Hong Kong: Developments and Implications", in Kwan Yui-huen. ed., *Hong Kong Society: A Reader* (Hong Kong: Writers' and Publishers' Cooperative, 1986), p. 14.

圖 2.1　1950 年，從中國內地湧入香港的難民。（高添強提供）

渡潮大大增加了本地人口的增長。[3]

　　與此同時，戰後嬰兒潮也是香港戰後人口急速增長的主因。有別於偷渡潮，嬰兒潮對香港人口增長作出了持續而穩定的貢獻。在 1951 至 1961 年間，自然增長對香港人口增長貢獻率高達 63.4%（730,600 人），並在往後的 1961-1966 年間和 1966-1971 年間，分別佔整體人口增長比例 96.1%（443,600 人）和 76.6%（318,200 人）。[4] 到了 1971 年，本地人口已經接近 400 萬，相比 1951 年增長接近一倍。[5]

3　劉智鵬、劉蜀永編：《香港史——從遠古到九七》（香港：香港城市大學出版社，2019），頁 310。
4　劉蜀永編：《簡明香港史》（廣州：廣東人民出版社，2019），頁 338。
5　同上，頁 336。

香港人口在短時間內過度增長，對於戰後資源匱乏的社會構成了沉重的壓力；首當其衝的是房屋、醫療和教育。

社福政策欠完善

戰前，政府一直未有直接參與本地民生及福利事務，並一直依賴慈善團體、同鄉會和宗親會等社會組織推動本地社福服務。[6] 二戰結束後，面對經濟蕭條及人口急升等壓力，政府不得不著手處理房屋、教育、醫療、勞工等問題，為普羅大眾提供基本保障。[7] 可惜，政府沒有對症下藥，情況未能改善。例如政府曾提出於 1961 年底前向所有小學學童提供免費教育，結果無法兌現；政府推出新勞工政策，卻未有觸及工資水平、失業保險、工時等深入的議題；至於落實醫院、醫療設備及醫護人員的擴充，則進展緩慢。[8]

從戰後直至 1960 年代中後期為止，政府採取短期救濟措施以解決燃眉之急，卻無任何宏觀紓困計劃。[9] 部份官方社福服務更因為資源及人手短缺而被迫削減，甚至暫停。[10] 國際性志

6　周永新：《香港社會福利的發展與政策》（香港：大學出版印務公司，1984），頁 13-16。

7　馮可立：《貧而無怨難——香港民生福利發展史》（香港：中華書局，2018），頁 43。

8　馮可立：《貧而無怨難——香港民生福利發展史》，頁 40；Tang Kwong-leung, *Colonial State and Social Policy: Social Welfare Development in Hong Kong 1842-1997* (Maryland: University Press of America, 1998), p.53.

9　馮可立：《貧而無怨難——香港民生福利發展史》，頁 43。

10　同上，頁 44。

願團體的傳入形成一股民間力量，協助政府舒厄解困。[11]

　　直至 1971 年港督麥理浩（Sir Murray MacLehose）就任以前，政府一直缺乏完整的社福政策及理念。從《1965 年社會福利白皮書》可見，政府只強調部份有利經濟生產的社福服務，亦認為貧窮、疾病、天災等問題應由受害者家庭或家族負責，卻忽略了普遍市民經濟能力不足的事實。[12]

主要社會問題

房屋

　　隨著戰後香港人口急速增長，住屋需求大幅上升，不少難民只能選擇租住或自行搭建寮屋。按 1950 年代初的 200 萬總人口來計算，當中有 17.5% 人口（大約 350,000 人）是寮屋居民。[13] 寮屋依山而建，設計和結構簡陋，暗藏各種危機。例如每逢颱風暴雨、山泥傾瀉，寮屋都有機會倒塌；電線縱橫交錯、利用木炭或火水爐煮食等行為都經常釀成火災，生活環境極之惡劣。[14]

11　同上，頁 45-46。

12　周永新：《香港社會福利的發展與政策》，頁 33。

13　劉蜀永編：《簡明香港史》，頁 336；馮可立：《貧而無怨難——香港民生福利發展史》，頁 42；Hong Kong Legislative Council, *Address by the Governor*, March 3, 1954, p.20. https://www.legco.gov.hk/1954/h540303.pdf。

14　馮可立：《貧而無怨難——香港民生福利發展史》，頁 40；〈渣甸山寮屋全被吹毀 在狂風暴雨中難民無家可歸〉，《大公報》，1941 年 7 月 1 日；〈荃灣災情重大 寮屋沖毀達三十間 二百餘人無家可歸〉，《香港工商日報》，1955 年 5 月 12 日。

1953 年聖誕節，石硤尾發生一場大火，火勢波及六條寮屋村，最後焚燒了 7,000 多間寮屋，5 萬名居民失去居所。事實上，1949 年至 1954 年間，大角咀、九龍城、東頭村、大坑東等地同樣發生類似災難，五次火災合共 12 萬人受影響，寮屋問題正式響起警號。[15] 石硤尾大火成為政府房屋政策的重要轉捩點，事後政府不但成立徙置事務處，負責統籌徙置房屋的興建來安置受自然災害而流離失所的災民，而且致力清拆 1954 年後修建的寮屋。[16] 可是，寮屋問題依然未能完滿解決。即使政府於 1959 年底建成 100 座徙置大廈並安置了 30 萬人，但到 1964 年為止，仍然有 60 萬名寮屋居民等候安置。[17]

醫療

戰後龐大人口湧入香港，對本地醫療服務構成沉重壓力。可是，政府未有積極作出具體行動，以回應對醫療服務急增的需求。[18]1950 至 1960 年代，公營醫療設施嚴重不足，公立醫

---

15 〈大角咀又燒二三百　兩人遭焚斃一人被灼傷〉，《華僑日報》，1949 年 1 月 28 日；〈九龍城大火浩劫〉，《工商晚報》，1950 年 1 月 12 日；〈東頭村大火〉，《大公報》，1951 年 11 月 22 日；〈九龍仔第四次火災〉，《華僑日報》，1954 年 7 月 23 日；馮可立：《貧而無怨難——香港民生福利發展史》，頁 41-42。

16 馮可立：《貧而無怨難——香港民生福利發展史》，頁 42；杜葉錫恩著，隋麗君譯：《我眼中的殖民時代香港》（香港：香港文匯出版社，2004），頁 46。

17 Alan Smart, *The Shek Kip Mei Myth: Squatters, Fires, and Colonial Rule in Hong Kong, 1950-1963* (Hong Kong: Hong Kong University Press, 2006), p. 171.

18 保羅惠廷，侯雅文，陶黎寶華編：《香港的社會政策》（北京：中國社會科學出版社，2001），頁 32。

圖 2.2　1968 年，大坑寮屋區。(高添強提供)

院及醫局寥寥可數。有限的公營醫療服務無法應付眾多的求診
病眾，輪候時間不斷延長，很多人無法得到適時治療。[19]

　　公營醫療短缺的嚴重性從眼科治療可見一斑。1950 年代
末，全港有超過 5,000 名失明人士，當中有超過七成患者，
因為資源匱乏而未能得到及早治療而耽誤病情；最終永久失
明。[20] 實際上，當時香港未有政府開設的眼科專科診所，大部

19　劉蜀永、姜耀麟：〈從工人醫療所看五、六十年代香港醫療問題〉，《香港的歷史與
　　社會研究》(香港：「香港的歷史與社會研究」國際學術研討會籌委會，2017)，頁
　　229。
20　〈筲箕灣有眼福〉，《華僑日報》，1959 年 1 月 13 日。

圖 2.3 1968 年，灣仔政府診所。（高添強提供）

份對眼疾患者的支援來自民間團體，盲人福利會及保護兒童會於 1959 年共同創辦的筲箕灣眼科診所就是一個好例子。[21]

　　另外，雖然當時本地設有私營診所，但是其高昂收費絕非普羅民眾能夠負擔。1950 年代初，私營診所單次診金 3 元，但連同藥費、針費，每次看診花費可以高達 20 元。[22] 相反，公營診所每次只收取 1 元，不額外收取其他雜費，價格差距極大。[23] 當時一般工人的日薪介乎 3 元至 8.5 元，整體每月入息大多只有 100 多元；[24] 繳付租金及日常開支之後，微薄的薪金已經所剩無幾，公營醫療服務是他們的唯一選擇。

21　同上。
22　劉蜀永、姜耀麟：〈從工人醫療所看五、六十年代香港醫療問題〉，《香港的歷史與社會研究》，頁 229。
23　同上，頁 229。
24　同上，頁 229-230。

教育

1971 年推行六年免費教育以前，政府提供的小學學位不敷應用，香港適齡學童長期無法平等地接受教育的機會。受到傳統中國「書中自有黃金屋」思想的影響，本地大多數家庭都希望子女能夠接受教育，並且視此為改善家境、擺脫貧窮的途徑。[25] 戰後初期，香港有三種形式的小學，分別是官立學校、政府資助學校（包括津貼及補助兩種）及私立學校。1947 年登記小學學童人數為 8 萬，當中 3,000 人入讀官立學校，25,000 人入讀政府資助學校，其餘為私立學校學生。[26] 公營學位供應不足不利於推動平等教育，因為公營及私營學校收費有相當差距。1952 年政府調整小學學費，官立小學每年 50 元（市區）和 10 元（郊區），合乎一般大眾的負擔能力。[27] 相反，私立學校收費高昂，每月學費可達 30 元之多[28]；甚至在 1940 年代末政府出手干預之際，以抬價、濫收來賺取最後一筆暴利。[29] 對於很多貧困家庭而言，高昂學費的門檻奪去他們子女接受教育的機會。

25　Elizabeth Rowe, *Failure in School: Aspects of the problem in Hong Kong* (Hong Kong: Hong Kong University Press, 1966) p.16, 21.

26　Anthony Sweeting, *A Phoenix Transformed the Reconstruction of Education in Post-War Hong Kong* (Hong Kong: Oxford University Press, 1993) p.17.

27　Ibid, p.128-129.

28　陸鴻基，《從榕樹下到電腦前──香港教育的故事》（香港：進一步多媒體有限公司，2003），頁 118。

29　Anthony Sweeting, *A Phoenix Transformed the Reconstruction of Education in Post-War Hong Kong*, p.135-136.

圖 2.4　1967 年，石硤尾天台學校。（高添強提供）

自 1962 年人口已增至 53 萬，增長達七倍之多。[30] 1963 年，政府委託英國教育專家撰寫的《馬殊及森浦遜報告書》指出，超齡學童人數佔小學學童人數的比例達 16%，說明學位不足的問題相當嚴重。[31] 持續增加學位成為政府應付本地小學生數目增長的唯一出路。

貧窮

經濟能力低下、生活拮据、收入微薄都是貧窮問題的主要特徵；貧窮又與房屋、醫療、教育問題有著千絲萬縷的關係。父母因貧困而無法為子女提供教育，子女長大後亦難以找到較佳工作，無助家庭脫貧，使貧窮成為跨代問題。戰後最受貧窮

30　Elizabeth Rowe, *Failure in School: Aspects of the problem in Hong Kong*, p.20.

31　方駿、熊賢君：《香港教育通史》（香港：齡記出版有限公司，2008），頁 293-294；《香港教育委員會報告書》（香港：香港政府印務局，1963），頁 10。

困擾的群組是基層勞動人口。

　　對於基層勞工而言，他們雖然解決了生計，卻無法享有勞工權利或保障，構成了生活上的隱憂。戰後香港經濟逐步邁向工業化，紡織、製衣、塑膠、電子工業等製造業蓬勃發展，需要大量廉價勞動力。1961年中，製造業就業人口佔整體就業人口接近四成，養活了很多本地家庭。[32] 在沒有工會和勞工法的保障下，工人的議價能力較低。面對合約糾紛、停職、解僱、欠薪等問題，工人大多無力反抗；有的工人失去工作，有的得不到應有的待遇，社會上亦未有失業補助的機制；工人家庭隨時失去收入來源，嚴重者連日常開支都難以應付。[33] 在一定程度上，「血汗工廠」是當時香港製造業的其中一個鮮明的形象；政府因此不時受到海外輿論的壓力，要求正視本地剝削勞工的問題。[34]

　　政府的福利角色相當狹窄。但凡有工作能力或正常家庭生活的貧困人士卻一律排除在外，使很多有需要的人無法得到支援。[35] 其次，政府尚未發展出一套完善的社會福利保障制度以協助他們脫貧，政府的主要支援政策是派發短期糧食以滿足貧困人士的基本生活需求，但無助他們脫貧。[36]

32　劉蜀永編：《簡明香港史》，頁346。

33　馮可立：《貧而無怨難——香港民生福利發展史》，頁156。

34　同上，頁156。

35　同上，頁127。

36　同上，頁155-156。

圖 2.5　1960 年代初，荃灣家庭式工場為金屬
罐製品上色。（高添強提供）

圖 2.6　1963 年，長沙灣紡織廠的生產情
形。（高添強提供）

香港獅子運動的起源與扎根

　　獅子運動源自於國際獅子總會，以「我們服務」為宗旨。
1954 年，國際獅子總會前任會長諾特（Monroe L. Nute）到
訪香港，對於香港仍然未有設立獅子會感到詫異，於是通過美
國駐港領事的協助在《南華早報》刊登一則廣告，尋求在香港
而失去聯絡的獅友。[37] 後來有兩名「失落的獅兄」響應廣告的
呼籲；他們是青島獅子會前任會長馬基士（P.J. Marques）和
天津獅子會創會成員關約翰（John Y.L. Kwan）。他們聯同幾
位香港股商和工業家，包括徐季良、Peter Hyui 和 David Sun
組成委員會，為創立香港獅子會建立基礎。[38]

37　畢偉文編：《香港獅子運動二十五年之成長過程》，頁 65；"Ten Years of Lionism in
　　Hong Kong," *South China Morning Post*. November 19, 1965.
38　畢偉文編：《香港獅子運動二十五年之成長過程》，頁 65。

在籌備期間，委員會獲得正值訪問香港的國際獅子總會第一副會長史達利（John L. Stickley）伉儷協力推動，終於在1955 年 7 月 18 日召開籌備會議，出席的創會會員共 25 人，並得到國際獅子總會特派代表 George Barrenengoa 由馬尼拉抵港協辦就職事宜。同年 11 月 8 日，香港獅子會獲授證成立，就職典禮在 12 月 15 日於香港雲華酒店舉行。[39]

香港獅子會（後期改稱為香港獅子會〔主會〕）邀請歷屆港督擔任名譽會長，包括港督葛量洪爵士（1955-1958）、港督柏立基爵士（1958-1964）、港督戴麟趾爵士（1964-1971）。[40]

1959 年 6 月及 10 月，九龍獅子會和半島獅子會先後成立。其中，九龍獅子會得到時任國際總會副會長戴維斯（Finis E. Davis）夫婦遠道而來祝賀，1960 年 2 月 9 日早上，到位於獅子山的「獅子亭」舉行揭幕儀式，象徵該會服務的開端，同日晚上親自主持授證典禮。[41]1960 年，隨著三個屬會先後創立，國際獅子總會打破慣例（一般需要成立至少六個屬會才能作出申請），賦予香港「臨時區」（Provisional District）地位，區號三〇三區，並委任香港獅子會前會長阮潤桓為首任區總監。[42]

39　Zander Campos da Silva, *Lions Club: The Great Idea of Melvin Jones*, p. 26; "First Birthday of Lions Club," *South China Morning Post,* December 16, 1955.

40　畢偉文編：《香港獅子運動二十五年之成長過程》，頁 65。

41　〈半島獅子會今正式成立〉，《工商日報》，1960 年 2 月 9 日；〈半島獅子會昨隆重成立〉，《工商日報》，1960 年 2 月 10 日。

42　畢偉文編：《香港獅子運動二十五年之成長過程》，頁 65。

獅子運動率先以香港獅子會作為起步點，展開各項社會服務工作。香港獅子會是三〇三區的主會，至 1960 年代末先後有九個屬會陸續創立，包括九龍（1959）、半島（1959）、域多利（1961）、香島（1963）、青山（1964）、太平山（1965）、北九龍（1966）、快活谷（1967）、觀塘（1969），逐步擴大社會服務範圍和規模，惠及更多市民。[43] 1960 年代，三〇三區的定位聚焦在香港社群的福祉，服務工作呼應當時三大社會問題——醫療、教育、貧窮，並協助政府推展社福服務。

在醫療方面，三〇三區致力完善本地眼科治療的設施和技術，以解決政府長期對眼疾支援不足的問題。1962 年，在香港眼科學會的協助下，香港眼庫及研究基金成立，目的在加強本地眼角膜移植手術的技術，統籌及增加眼角膜的供應，使更多眼疾患者重見光明。[44] 同時，眼庫持續推廣「保護視覺」的訊息，透過教育傳遞相關資料並向長者提供免費青光眼檢測服務。[45] 除了眼疾，三〇三區亦協助提升其他醫療服務的供應，例如在 1960 年代資助興建九龍城母嬰健康院，捐贈大口環兒童骨科醫院及康復院和黃大仙聖母醫院的營運、擴建、儀器購置等。[46]

43　畢偉文編：《香港獅子運動二十五年之成長過程》，頁 65；"Ten Years of Lionism in Hong Kong," *South China Morning Post*, November 19, 1965.

44　畢偉文編：《香港獅子運動二十五年之成長過程》，頁 69。

45　同上。

46　同上，頁 70-71。

WANTED KNOWN

WANTED: The names and addresses of any persons in Hongkong who have been members of Lions Clubs. Write P.O. Box 1820, Kowloon.

圖 2.7　1954 年 4 月 10 日刊登於《南華早報》的一則廣告，是香港獅子運動的起點。(*South China Morning Post*. April 10, 1954)

圖 2.8　徐季良是香港獅子會創會會長（香港蘇浙滬同鄉會提供）

圖 2.9　前國際總會長史達利（John L. Stickley）協力推動香港獅子運動（http://www.olptc.org/PIP/obits/Stickley.pdf）

圖 2.10　香港獅子會成立時獲得國際獅子總會授證（*25 Years of Lionism in Hong Kong 1955–1980*）

圖 2.11　三〇三區首任總監阮潤桓
（三〇三區提供）

在教育方面，三〇三區關注兒童及青少年發展，並在促進青年交流、技能培訓、特殊教育方面作出貢獻。1950 至 1960 年代，三〇三區撥款興建位於將軍澳的獅子會／青年會青年營，為青少年提供渡假露營場地；資助創立獅子會晨崗學校，並將學校發展成 1970 年代亞洲規模最大的弱能兒童學校；協助擴大香港仔工業學校規模，為更多學童提供工作培訓。[47]

在扶貧方面，三〇三區資助的大口環兒童骨科醫院及康復院協助收容居於天台、徙置區、貧苦家庭的骨症兒童；黃大仙聖母醫院則主要照顧來自低收入地區的患者，例如黃大仙、東頭村、樂富、慈雲山等。[48] 這類資助方案反映出三〇三區理解貧苦大眾對公營醫療服務的倚重及不斷上升的需求。

戰後香港社會百廢待興、人民生活艱難、社會保障不足；1950 年代獅子運動進入香港時，由於準確針對社會需要，因而發展迅速。

47　同上。
48　同上。

圖 2.12 及 2.13　1960 年代，三○三區捐助興建九龍城獅子會母嬰健康院。（三○三區提供）

圖 2.14　三○三區捐助大口環根德公爵夫人兒童醫院的營運及擴建（三○三區提供）

圖 2.15 及 2.16　三〇三區撥款興建獅子會—青年會將軍澳青年營（三〇三區提供）

圖 2.17　三〇三區資助創建晨崗學校，為弱能兒童提供特殊教育。（三〇三區提供）

圖 2.18　三〇三區擴展香港仔工業學校，為學童提供培訓課程。（三〇三區提供）

穩步上揚：社會經濟蓬勃發展
（1970 — 1990 年代）

香港經濟轉型及發展

　　1950 至 1960 年代，製造業是支撐香港經濟的重要支柱。踏入 1970 年代，面對周邊強勁競爭和內部生產成本上漲，廠商紛紛捨棄原有的生產模式和策略，轉為生產高質素產品和增加產品的種類和款式。[49] 製衣業轉為生產種類繁多的高級時裝、毛皮和皮革服務；塑膠業以生產收音機和電子產品配件推動生產技術的改良；鐘錶業則將香港發展成為瑞士鐘錶的主要裝配中心；這些都是工業轉型的成功例子，[50] 香港的工廠數目亦自 1970 年代到 1980 年代中期增長兩倍以上。[51]

　　在工業急速發展的同時，自 1970 年代起香港的經濟結構經歷多元化發展，以金融業為核心的第三產業急速興起，並逐步取代傳統的第二產業成為香港經濟結構的最大支柱。[52] 隨著

49　劉智鵬、劉蜀永編：《香港史——從遠古到九七》，頁 363。
50　同上，頁 358-361。
51　同上，頁 359。
52　同上，頁 365。

股票成交額及恆生指數等反映香港股票市場行情的重要指數
屢創新高，[53] 不同種類的金融機構相繼進駐香港，金融市場日
益發達。[54] 同時，政府通過解除黃金進出口管制、取消外匯管
制、允許港幣自由浮動，以及吸引國際商人、銀行及外匯經紀
行來港開業等措施，令香港成為遠東的國際外匯交易重要交易
點。[55] 1971 至 1976 年間，第三產業的批發零售、餐飲酒店、
財務、保險、房地產、商業服務等行業的僱員人數增長率已經
超越第一產業及第二產業。[56] 1984 年，服務性行業的產值高達
1,613.12 億港元，佔本地生產總值 67.3%；[57] 說明第三產業在
1980 年代已經成為香港經濟增長的主要支柱。

　　1978 年，中國內地推行「改革開放」經濟政策，對香港
經濟造成了結構性影響，進一步強化其外向型經濟的特質。改
革開放政策的初步重點措施是開放深圳、珠海、汕頭、廈門幾
個沿海城市，容許海外資金流入，並提供經濟誘因吸引海外
投資者。在 1980 年代，本地製造業廠商普遍面對勞工短缺、
生產成本上漲、海外貿易保護壁壘和鄰近地區的強烈競爭。[58]
適逢內地開放，本地廠商於是趁機大規劃到內地投資設廠，利

53　同上。
54　同上，頁 366。
55　同上。
56　同上，頁 364。
57　同上，頁 369。
58　馮邦彥：《香港產業結構轉型》（香港：三聯書店，2014），頁 86-87。

用中國的廉價土地租金和勞動力來節省開支及提升利潤，結果製造業佔本地經濟比重大幅下降。[59] 不過，製造業內遷後香港得以再度發揮自由港的功能，在多年的轉口貿易經驗及基建完善的優勢下，發展成為中國貨物出口到海外市場的主要轉口港。轉口貿易的蓬勃發展不單使本地對外貿易總額急速增長，更帶動航運、航空、物流、通訊、保險、金融業的發展。[60] 而且，因製造業的內遷而釋放出來的資金及勞動力都被服務業吸納。[61] 中國改革開放不但改變了中國的國運，也推動香港的經濟發展走向國際，奠定其在亞太地區的國際金融中心地位。

在經濟架構多元化、第三產業興起，以及製造業轉型期間，香港的本地人均生產總額由 1970 年的 5,813 港元升至 1984 年的 47,517 港元，反映本地居民的生活環境得到改善。[62] 在日常三餐及其他基本生活需求得到滿足之後，促使他們追求不同層面的新需求，而呼應新需求的社會服務因此應運而生。

59　同上。

60　同上，頁 88。

61　同上，頁 87。

62　劉智鵬、劉蜀永編：《香港史——從遠古到九七》，頁 369。

麥理浩的社會改革

1960 年代是香港社會求變的時代。「九龍騷動」、「六七暴動」先後爆發,為香港政府帶來戰後最嚴峻的管治危機。1972 年,新任港督麥理浩(Sir Murray MacLehose)在立法局宣告一系列嶄新的社會改革措施,提出「四大支柱」發展計劃,務求在房屋、醫療、教育及社會福利四個範疇上突破原有的框架及局限。[63] 有別於先前的社福政策和手段,麥理浩捨棄原有的「扶貧、解困」政策方針及短期救濟措施,轉為加大力度務求達到惠民的目的。[64] 經過大刀闊斧的改革,1970 年代的社福政策強調全民及全面,實現社會資源再度分配,使新的措施不論在受惠對象、內容深度,抑或實際成效等方面,都有更優越的表現。一般勞動階層成為最主要的受惠對象,通過在房屋、醫療、教育方面上給予他們基礎津貼及支援,逐步改善他們的家庭經濟狀況及職業發展,長遠增加整體社會的流動性。[65] 麥理浩的社會改革措施有幾項特點:

房屋供應上,縱使政府自 1950 年到 1970 初期順利安置 160 萬人入住廉價房屋,但是仍然有大量人口居於木屋區或擠逼而設施簡陋的徙置區。[66] 就此,政府於 1973 年重整

63　馮可立:《貧而無怨難——香港民生福利發展史》,頁 64。
64　同上,頁 69。
65　同上。
66　同上。

圖 2.19　1979 年，中環。當時香港正邁向成為亞洲區的金融中心。（高添強提供）

房屋部門，設立房屋委員會[67]，負責逐步淘汰徙置大廈並興建更多質素較高的住屋單位；同時，提出「十年建屋計劃」和「居者有其屋計劃」，普及公共房屋，為更多本地人口提供優質居住環境；[68]

　　醫療服務上，在 1974 年政府提出《香港醫務衞生服務的進一步發展白皮書》，訂立全新的十年計劃，並以促進低收費公共醫療服務的長遠發展為重點目標；為配合新市鎮發展而採取分區化管理，務求每區都設有一間「龍頭」醫院、輔助醫院

67　Ho Pui Yin, *The Administrative History of the Hong Kong Government Agencies, 1841–2002* (Hong Kong: Hong Kong University Press, 2004), p. 189-195.

68　馮可立：《貧而無怨難——香港民生福利發展史》，頁 70。

和分科診所；[69]

　　教育支援上，在 1978 年政府將「六年免費教育計劃」擴充為「九年免費教育計劃」，提高相關教育開支，並於 1977年發表高中及專上教育綠皮書，擴展專上教育；[70]

　　社會福利上，政府在 1973 年的《香港福利未來發展計劃》白皮書確認自身在擴大及完善社會福利上的重要角色及責任，與志願團體分工合作，互補長短，並進一步擴充老人服務、復康服務、青年及兒童服務。[71]

　　自此，政府主動承擔保障市民基本生活需求的責任，並從房屋、醫療、教育、社會福利四方面入手擴大社福支援的類型、內容及深度。隨著市民的生活質素日漸上升，基本生活需求得到滿足，不少志願慈善機構都不再以救濟工作為主要服務，轉而提供更多樣化更新穎的服務範疇，以應對市民因生活環境改善後所面對的各種問題及挑戰。其中一個好例子是，以往專注家庭服務為主的機構，由協助解決貧窮轉為輔導應對家庭成員間的人際關係問題等。[72]

69　同上，頁 71。
70　同上。
71　同上，頁 73-75。
72　周永新：《香港社會福利的發展與政策》，頁 22。

圖 2.20　1970 年代，石硤尾。（高添強提供）

圖 2.21　1984 年，橫頭磡重建。（高添強提供）

圖 2.22　1976 年，瑪嘉烈醫院。（高添強提供）

中英談判

　　麥理浩以外交官身份來港出任港督，除了要紓解香港的管治危機，也要為香港的前途問題作好談判的準備。他在任時的 1970 年代，1898 年生效為期 99 年的《展拓香港界址專條》已經接近尾聲，如何安排 1997 年條約期滿之後的新界土地租約是一項無法單邊解決的問題。1979 年春天，港督麥理浩獲北京邀請與鄧小平會面，共同商討香港前途的問題。麥理浩打算藉此行表達英方欲保留香港的決心。[73] 鄧小平提出將會用新的方法讓資本主義繼續在香港正常運作，免受社會主義干預或影響，以穩定各方投資者的信心。[74] 鄧小平的方案其後發展為「一國兩制」，通過將香港列為特別行政區，賦予高度自治，使現行的社會制度、經濟制度、生活方式、福利制度等維持 50 年不變。[75] 從 1982 年 9 月至 1984 年 9 月，中英雙方經歷兩年多的談判，最終簽訂《中英聯合聲明》，香港回歸中國正式塵埃落定。香港前途問題談判過後，中國隨即著手研究及起草《基本法》，目的是保障香港現行制度 50 年不變，並賦予中國憲法權力去處理香港主權問題及其他事務。[76] 經歷四年八個月

73　Steve Tsang, *A Modern History of Hong Kong* (Hong Kong: Hong Kong University Press), p. 212.

74　劉智鵬、劉蜀永編：《香港史——從遠古到九七》，頁 424-425。

75　同上。

76　Steve Tsang, *A Modern History of Hong Kong*, p. 238.

的集體努力，基本法起草委員會在 1990 年 2 月完成《基本法》起草工作，並於 4 月正式通過《基本法》，就一系列重要議題作出清晰闡釋及界定，包括香港特別行政區的區旗和區徽、行政長官產生辦法、立法會的產生辦法等。[77]

面對回歸在即，香港在 1980 年代及 1990 年代都曾陷入信心危機，不少市民因前途未明而移民海外，導致人才流失。1980 年代初期，每年平均移民人數多達 2 萬人，1987 年更躍升至 3 萬人。[78] 1990 至 1995 年的後過渡期間，移民人數再度攀升，每年人數介乎 4.3 至 6.6 萬人之間；[79] 反映出大量港人對回歸前途缺乏信心。

澳門的經濟轉型及發展

1950 年代末至 1990 年代初，澳門輕工業發展蓬勃，採用以加工進口原材料並經香港出口至西歐及美國的生產模式，逐漸成為支撐當地經濟的重要支柱之一。當中，紡織製衣業及玩具業為當地輕工業的兩大龍頭，電子工業也有不俗的表

77　劉智鵬、劉蜀永編：《香港史──從遠古到九七》，頁 435。

78　政府新聞處：《香港一九九六年：一九九五年的回顧》（香港：政府新聞處，1996），頁 329。

79　政府新聞處：《香港一九九二年：一九九一年的回顧》（香港：政府新聞處，1992），頁 329、《香港一九九四年：一九九三年的回顧》（香港：政府新聞處，1994），頁 367、《香港一九九六年：一九九五年的回顧》，頁 329。

現，生產收音機、電視機、電腦零件、電子鐘錶，並出口至法
國、美國、德國等。[80] 旅遊、博彩業、地產建築業、金融保險
業在 1980 年代及 1990 年代同列為澳門經濟四大支柱。[81] 當中
博彩業收入大幅上升，由 1970 年代中後期平均約 24% 上升到
1991 年的 35%，成為政府最龐大的收入來源。

隨著中國改革開放，澳門與內地的經貿往來及合作變得頻
繁。澳門相對優良的投資環境吸引不少內地投資者在澳門開辦
公司或銀行，經營對外貿易事業，以及投資當地製衣、汽車、
電器、酒店、百貨等項目，直接促進澳門的經濟繁榮。[82] 兩地
亦在旅遊及基建方面加強合作，分別開辦來往澳門、珠海、中
山的聯線旅遊和內地居民「澳門遊」，以及聯合興建路環島九
澳的深水碼頭。[83] 同時，廣州政府時常強調珠江三角洲經濟區
的建設及發展。通過澳門的獨特優勢，包括：自由港、鄰近
中國的地理位置、豐富的中西文化及經濟交流歷史；連接 100
多個國家的經貿網絡、以及低稅率及優惠配額，把大量資金從
海外及澳門本地向珠海及中山等廣州城市流入，從而推動整個
珠江三角洲的經濟發展。[84]

80　黃鴻釗，《澳門簡史》（香港：三聯書店，1999），頁 370。
81　黃啟臣，《澳門通史》（廣州：廣東教育出版社，1999），頁 526。
82　黃鴻釗，《澳門簡史》，頁 346。
83　同上，頁 347-348。
84　同上，頁 348-349。

中葡談判

隨著 1986 年 6 月《中葡聯合公報》的發表，澳門前途問題正式成為中國及葡萄牙之間的重要議題，雙方就此展開外交談判。中方多次強調澳門回歸必定要在 2000 年前完成，最終使葡方立場軟化，同意在 1999 年正式交還澳門。[85]

《中葡聯合聲明》於 1988 年 1 月正式生效，不單標誌著澳葡政府的管治進入過渡期，更促成中國、葡萄牙、澳葡政府、澳門各界為澳門回歸做好一切準備工作。在中國政府籌備下，組成了 48 人的基本法起草委員會，澳門代表與中國代表各佔一半；經歷超過四年的工作，《澳門特別行政區基本法》於 1993 年正式通過，為實現「澳人治澳，高度自治」奠定法理基礎，另設特區籌委會為處理澳門特區政府的成立及行政長官的產生等重要事宜。[86] 同時，為了實現「澳人治澳」的承諾，澳葡政府積極推動公務員本地化、法律本地化，以及將中文列為官方語言，從而培育本地政治人才及建立良好的政治架構，使澳門居民在回歸後能夠自行管理政務。[87]

---

85 同上，頁 330。
86 同上，頁 337-339。
87 同上，頁 341-345。

三〇三區的服務邁向多元化

1970 至 1990 年代，隨著香港、澳門兩地社會經濟的轉型、社會政策的改革，中國相繼與兩地政府商議回歸歷程。在這時期，兩地居民的基本生活質素得到改善，但同時亦產生了新的社會服務的需求，回應這些社會新需求的服務亦相應產生。與戰後的社會境況有別，國際性本地服務團體不再以救濟工作為主體服務；三〇三區亦與時並進，嘗試為普羅大眾拓展新服務，對象與範疇漸趨多元化，以應對居民因生活環境改善後所面對的各種問題和挑戰。

從 1970 年代初起，三〇三區的服務對象延伸至澳門。經國際獅子總會的批准，由香島獅子會贊助，三〇三區於 1971 年 11 月 1 日成立第 11 個屬會——「澳門獅子會」[88]，此舉令三〇三區的地域名稱冠以「港澳」二字，稱為「港澳三〇三區」。[89] 自此，三〇三區的服務範疇擴及澳門，努力為當地居民應對生活挑戰而作出貢獻。

1980 年代初，三〇三區的屬會及會員總計達致國際獅子總會訂下的標準，合資格成為「單區」。隨著第三十五個屬會——啟德獅子會於 1982 年 8 月成立，按照國際總會的規定

88　"The Lions Club Formed in Macau," *South China Morning Post*, Jan 8, 1972；〈三〇三區的第十一個獅子會：澳門獅子會成立〉，《港澳獅聲》，1972 年 1 月，頁 4。

89　《港澳獅子會服務六十週年紀念特刊》，頁 220-221。

條件，港澳三〇三區終於具備成為「完整區」的資格。[90] 三〇三區的「完整區」身份地位得到確認後，當年即獲得更多來自總會的資助及權利，例如全數資助區總監出席國際獅子大會，標誌區會及國際總會往後更緊密的合作關係及工作交流。[91]

為了擴展日益繁重的會務，以及應付與日俱增的服務對象與範疇，三〇三區先於 1968 年購置中環德忌笠街業豐大廈 603 至 604 室兩個單位；1975 年再購置 608 室。[92] 1982 年，在時任總監林海涵帶領下，三〇三區再次啟動尋覓及購置新會所的工作。[93] 在籌款委員會主席梁欽榮獅兄的協助下，區會通過出售業豐大廈的物業、向各屬會籌款、動用區會盈餘等方式籌集了足夠資金 [94]，最終購入位於灣仔皇后大道東東美中心 8 樓的單位，佔地約 3,285 平方呎。整項遷址計劃連同裝修合共耗資 500 萬港元，是三〇三區的一項重大的投資。同年 12 月，區會邀請時任國際會長葛思達獅兄從台北東南亞獅子大會閉幕後赴港主持新會所開幕儀式。[95] 1996 年，三〇三區購入東美中心 807 室，及後購入了新蒲崗旺景工業大廈 16 樓一個單位。2016/2017 年度區年會通過出售位於旺景工業大廈的物業，隨

90　〈林海涵總監中期報告〉，《港澳獅聲》，1983 年 6 月，頁 11。

91　口述歷史訪問，林海涵先生，2020 年 9 月 18 日。

92　〈國際港澳獅子會擴置新會所開幕〉，《港澳獅聲》，1976 年 6 月，頁 15；畢偉文編：《香港獅子運動二十五年之成長過程》，頁 66。

93　口述歷史訪問，林海涵先生，2020 年 9 月 18 日。

94　〈林海涵總監中期報告〉，《港澳獅聲》，1983 年 6 月，頁 11-12。

95　〈國際獅子總會會長葛思達伉儷蒞港訪問區會〉，《港澳獅聲》，1983 年 1 月，頁 13。

後購入東美中心 1205 室，進一步擴充三〇三區的會務空間。

1980 至 1990 年代初，面對香港回歸中國的過渡期，不少市民對前途缺乏信心，移居海外。根據 1989 年 11 月 2 日由三〇三區時任總監范佐浩致國際獅子總會的信函，三〇三區對於香港、澳門兩地回歸祖國後的前景充滿信心，透過香港的機場及貨櫃碼頭基建工程、社會服務的拓展及海外投資的回流，了解到香港在世界仍會擔當舉足輕重的角色和地位；通過港澳兩地在回歸前創建屬會，強化與其他屬會的聯繫，並繼續拓展固有的服務項目，如青年中心、禁毒計劃等。三〇三區強調區會的宗旨是為社會運行各類型的服務項目，反映出獅子會獅友大力支持香港、澳門兩地回歸。

三〇三區的會員制度為擴展會務的基石。1970 至 1990 年代期間，隨著戰後港澳兩地的社會經濟轉型，三〇三區的會員人數持續增長。1970 年代，會員人數約有 1,000 多名，至 1980 年代初躍升至 1,500 名；可是，回歸歷程的談判開始後，會員人數緩緩下降。1990 年代，受惠於中國的改革開放政策，香港社會經濟蓬勃發展，會員人數再度增加至 1,500 多人。

1970 至 1990 年代期間，三〇三區以早期各種已開展的服務工作為基礎，持續擴大服務對象和範疇，並著眼於社會環境的實際需要，以培養社會的善良風氣，促進大眾福利為

圖 2.23　三〇三區旗幟

圖 2.24　1972 年，澳門獅子會成立典禮，總監佐治保祿致辭。（左起：保祿獅嫂、澳督嘉樂庇將軍、羅家政獅嫂、澳督夫人、江世生獅兄及獅嫂）。（《港澳獅聲》1972 年 1 月，頁 3）

圖 2.25　1972 年，江世生獅兄代表澳門獅子會全體職員，接受屬會職員佩章。（《港澳獅聲》1972 年 1 月，頁 3）

圖 2.26　1972 年，時任總監主持就職監誓，潘約翰獅兄在旁協助。（《港澳獅聲》1972 年 1 月，頁 3）

圖 2.27 1976 年，三〇三區於業豐大廈擴置
會所開幕典禮。圖為（左起）簡日淦、伍楚
生、佐治保祿、畢偉文主持剪綵禮。（《港澳
獅聲》1976 年 6 月，頁 15）

圖 2.28 1982 年，國際獅子總會會
長葛思達在時任總監林海涵陪同下，
主持三〇三區於東美中心的新會所啟
用儀式。（《港澳獅聲》1983 年 1 月，
頁 13）

圖 2.29 及 2.30 三〇三區會所現址（三〇三區提供）

November 2, 1989

To: International President, International Vice-Presidents,
International Directors, Lions Clubs International
Chairmen of the Council of District Governors and
District Governors of The Association of Lions
Clubs Worldwide

Dear Lions,

Re: District 303 - Hong Kong & Macau
Established 1960, Still Expanding

Of late, Hong Kong has been very much in the limelight in the world press. This dynamic enclave of democracy and free enterprise, at the southern coastal tip of China is, as the world knows, to be reverted to China in the year 1997. Under the "one country two systems" written assurance, Hong Kong could however continue to govern itself under the present capitalistic system for the next fifty years. China has given this assurance repeatedly.

The recent political upheaval in Beijing has however caused some disquiet and doubts about Hong Kong's future with people overseas and some segments of the local people as well.

But the big majority of local people, the well educated and efficient work force, people who have contributed to the prosperity and stability of Hong Kong are still here and will remain, for they have their roots here. They are determined to stay and build a better future. There are lots of brains still in Hong Kong. Some who have gone are returning.

The Governor of Hong Kong, Sir David Wilson, in his Annual Address to the Legislature on October 11, 1989 laid bare momentous plans by government to embark on massive projects for Hong Kong's future as follows :-

(a) Airport and Port Development
A new modernized airport and an enlarged port plus all necessary transport links and supporting industrial and commerical facilities. The estimated current cost is HK$127 billion (ab. US$16 billion). The work will start immediately, hopefully to become serviceable by early 1997. The development of the airport and port will mean new lands for developers in industries and trade. Foreign investments are inevitable.

(b) Building for the Future
Hong Kong's future is viewed with confidence by the government, the governor stressed. Accordingly, large scale improvements are being planned in the social services to meet the demands of a changing society. These are in the fields of Education (Primary to tertiary) - Medical & Health - Youth Care - Housing (527,000 public housing flats are on the drawing board to be completed in 10 years) - Environment and allied services to make Hong Kong a better place to live in.

These are convincing proofs of Hong Kong's determination to maintain its present status quo. China itself appreciates Hong Kong's importance to maintain this status. Thus it will be a center for the world of free enterprises in commerce, industry, financing, investments, communications and a host of other benefits which a capitalistic system provides.

27

圖 2.31　1989 年 11 月 2 日信函展現三〇三區對香港、澳門回歸中國充滿信心。
（三〇三區提供）

Foreign investments are gradually returning and the huge projects, mentioned hereinabove are similarly involving foreign investments. These are tangible signs of the return of confidence.

Our close neighbor, Macau, which Portugal will hand over to China in 1999 is also to maintain its present status. There are moves there too of confidence in its future, reflected in the plan to build an airport, bridges to span its hinterlands, enlargement of its port facilities, hotels and other developments.

That the Lions of this District have faith in the future of Hong Kong is reflected in the chartering of a new Club in August and another is now being organized in Macau and is expected to be chartered before long. This would bring our strength to 38 Clubs. Presently we have four Lioness Clubs and eleven Leo Clubs (with its own District).

The Lions emblem on community Projects in the area of Sight and Hearing Conservations, Youth Camps, Health Centres, Maternity Homes pioneered in the early years and recent ones, Drug Abuse Program, Diabetes Awareness, Kidney Centres are here for the future administration to see and these projects will continue to be promoted.

"To take an active interest in all aspects of the welfare of the community" is one of the objects of a Lion. This message to you, the leaders of our great Association, reflects not only our interest in this community, but importantly, our confidence as well.

Lions here, as elsewhere, come from all walks of life - industry, commerce, investments, stocks and bonds, professionals etc. Hong Kong continues to prosper. This prosperity is the result of well-placed confidence of these people.

Other than requesting you to disseminate the foregoing information to the people in your country, we Lions extend a warm welcome to you to visit with us to witness for yourselves what is going on in this bustling city.

Thanking you for your kind attention and with expression of our warm esteem.

Very sincerely yours,

Paul C. H. Fan
District Governor

c.c. Editors Official Editions - THE *Lion* Magazine

圖 2.32　1989 年 11 月 2 日信函展現三〇三區對香港、澳門回歸中國充滿信心。（三〇三區提供）

目標。[96] 20 多年來的服務工作圍繞支援醫療服務、投入教育發展、培養社會風氣、天災救濟等重要議題，包括支援本地眼疾及腎病患者；舉辦禁毒、反盜竊、反貪污；推動青年交流及相關活動等。[97] 在此期間，三〇三區除了繼續發展香港獅子會眼庫外，更積極推動成立不同聯屬團體，包括國際獅子會腎病教育中心及研究基金、獅子會自然教育基金及獅子會教育基金等，以確保各項重點服務得以持續發展。

至於醫療服務方面，三〇三區分別持續推動眼庫的營運及發展，並展開全新協助腎病患者的服務計劃。香港獅子會眼庫自成立以來致力支持眼角膜捐贈及移植，在三〇三區推動下，順利在 1990 年代成功推動本地眼角膜捐贈作為手術用眼角膜的主要來源。[98] 國際獅子會腎病教育中心及研究基金於 1991 年投入服務，提供收費低廉且優質的洗腎服務。[99] 以上兩項醫療服務有助解決公營醫療體系的不足，使眼疾及腎病患者得到適

---

96 〈國際獅子會三〇三區近年來對社會服務情況〉，《港澳獅聲》，1975 年 11 月，頁 24。

97 〈國際獅子會三〇三區近年來對社會服務情況〉，《港澳獅聲》，1975 年 11 月，頁 24；〈總監余文倫中期報告〉，《港澳獅聲》，1981 年 6 月，頁 11；〈總監林海涵中期報告〉，《港澳獅聲》，1983 年 6 月，頁 13；〈總監甯德臻中期報告〉，《港澳獅聲》，1985 年 6 月，頁 20；〈總監龍啟光中期報告〉，《港澳獅聲》，1987 年 6 月，頁 22；〈總監沈樂年中期報告〉，《港澳獅聲》，1989 年 7-8 月，頁 27；〈總監王偉粵中期報告〉，《港澳獅聲》，1992 年 6 月，頁 14；〈總監霍君榮中期報告〉，《港澳獅聲》，1996 年 5-6 月，頁 27。

98 〈一九八四年一月至七月工作報告〉，《港澳獅聲》，1984 年 10 月，頁 9-10；〈捐眼展覽在地鐵 '95〉，《港澳獅聲》，1995 年 7-8 月，頁 38。

99 〈三〇三區會籌備興建腎病中心〉，《港澳獅聲》，1987 年 3 月，頁 12。

圖 2.33 及 2.34　三〇三區舉辦禁毒服務（三〇三區提供）

圖 2.35　1991 年，國際獅子會腎病教育中心及研究基金就職典禮。（國際獅子會腎病教育中心及研究基金提供）

切的治療，以免病情惡化到無可挽救的地步，同時亦定期向公眾宣傳預防相關健康問題的資訊，以期防患於未然。

在投入教育發展方面，三〇三區自 1993 年起透過獅子會教育基金，將「我們服務」精神與教育事業融合，分別在 1996 年及 1999 年開辦獅子會職業先修中學（其後易名獅子會中學）和獅子會何德心小學。兩所學校的學生大多來自背景複雜家庭或低收入家庭。[100] 為了提高學童的學習能力及競爭力，教育基金不惜投放大量資源，如聘請外籍英語老師、舉辦海外交流團、添置新電腦設備等。[101] 為了進一步培養學生的服務精神，教育基金仿傚區會，在兩所學校定期舉辦「我們服務日」，鼓勵學生參與各種社區服務，並安排學生出席部份屬會舉辦的服務活動。[102]

在環境保護及提高大眾環保意識方面，三〇三區在 1991 年創立獅子會自然教育基金，並於同年在西貢蕉坑開設獅子會自然教育中心，目的推廣環保教育及保育，強化市民大眾的環保意識。[103] 開幕初期，自然教育中心內設有多個室內及多個室外展覽，介紹本地漁農業的歷史及發展，並呈現本地珍貴自然資源。在區會的多番資助下，中心的設施、規模及服務都在整

---

100 口述歷史訪問，何麗貞女士、郭銳函先生、簡有山先生、葉鳳琴女士、林日豐先生、陳慧萍女士，2020 年 9 月 17 日。

101 同上。

102 同上。

103〈獅子會自然科學戶外教育中心〉，《港澳獅聲》，1990 年 2 月，頁 24-26。

圖 2.36 及 2.37　1996 年，獅子會職業先修中學開幕禮。（獅子會中學提供）

圖 2.38　1998 年，獅子會何德心小學校舍
奠基禮。（獅子會何德心小學提供）

圖 2.39　2001 年，獅子會何德心小學
校舍開幕禮。（獅子會何德心小學提供）

個 1990 年代得以不斷擴充。[104]

　　在救濟天災方面，三〇三區同樣不遺餘力，致力協助災民
渡過難關。香港分別在 1979 年及 1981 年發生鯉魚門火災 [105]

104〈獅子會自然科學戶外教育中心〉，《港澳獅聲》，1990 年 2 月，頁 24-26；〈獅子會
　　貝殼館籌款運動〉，《港澳獅聲．1994-95 Aunnal Report》，1995 年，頁 50。
105〈鯉魚門火災廠商提三項安置要求〉，《大公報》，1979 年 10 月 22 日。

圖 2.40　1991 年獅子會自然教育中心揭幕，時任港督衞奕信爵士主持開幕典禮，旁為前國際總會會長譚榮根。（獅子會自然教育基金提供）

和大磡窩火災[106]，三〇三區協助捐贈賑災。另外，菲律賓分別在 1984 年及 1985 年發生風災及火災，在得知當區獅友呼籲後，三〇三區隨即匯款到當地以解災民燃眉之急。[107]1990 年代，中國接連發生數場浩大的水災及地震，包括 1991 年華東水災、1994 年華南水災、1996 年雲南地震。[108]三〇三區同樣發起大規模的籌款活動，將善款及救濟物資送到有需要的災民手上。[109]

106〈大磡窩火災災民 兩月後遷圓洲角〉，《華僑日報》，1981 年 8 月 7 日。

107〈總監中期報告（1984-1985）〉，《港澳獅聲》，1985 年 6 月，頁 20。

108〈華東水災賑災籌款運動報告書〉，《港澳獅聲》，1991 年 12 月，頁 19-21；〈華東賑災匯報〉，《港澳獅聲》，1994 年 11 月，頁 34-35；〈港澳獅友齊捐輸，五十萬善款表關懷〉，《港澳獅聲》，1996 年 3 月，頁 38。

109 同上。

圖 2.41　1979 年，三〇三區為鯉魚門火災災民
賑款。（三〇三區提供）

圖 2.42　1981 年，三〇三區為大礅窩火
災災民賑款。（三〇三區提供）

圖 2.43　1975 年，三〇三區與澳門獅子會捐贈救護車予澳門衛生局，以應付澳門離
島日常醫療需要。（《港澳獅聲》1975 年 12 月）

圖 2.44　1984 年，澳門獅子會代表救濟黑沙
環臨時安置區大火。（《港澳獅聲》1985 年 3
月，頁 35）

圖 2.45　1991 年，獅友吳利勳代表澳門獅子會
把捐款交予災民。（左起：鍾送機會長、吳利勳
獅兄、前會長孔競勉獅兄和災民代表。（《港澳獅
聲》1992 年 1 月，頁 41）

　　關於澳門的服務支援。自澳門獅子會成立以來，三〇三區
的服務惠及澳門的市民，服務的範疇主要是回應澳門的實際需
要，為政府作出支援。醫療服務方面，三〇三區與澳門獅子會
聯合捐贈救護車予氹仔衛生分局，以應付澳門離島的日常醫療
需要 [110]；三〇三區撥款予澳門獅子會的社會服務基金，為澳門
貧苦學童免費檢驗眼睛及代配眼鏡 [111]；在澳門舉行挑戰「糖尿
病」之預防控制及治療展覽，讓澳門政府了解居民預防糖尿病
之重要性。[112] 救災服務方面，黑沙環臨時安置區、筷子基南街
發生火災後，澳門獅子會代表前往災區及臨時收容中心視察，

110〈捐贈救護車予澳門衛生局〉，《港澳獅聲》，1975 年 12 月。

111〈為澳門貧苦學童驗眼及配眼鏡，為澳門無依老人提供福利〉，《港澳獅聲》，1977
　　年 10 月，頁 104。

112〈挑戰「糖尿病」〉，《港澳獅聲》，1985 年 6 月，頁 40。

並向受影響的災民慰問和發放慰問金。[113] 此外，澳門獅子會亦捐贈物資予母親會、痲瘋院、老人院等機構。[114]

在國際層面方面，三〇三區在國際事務上顯得相當活躍。潘光迴（1976–1978）、李國賢（1987–1989）先後在國際獅子總會擔任國際理事，為三〇三區增光不少。另外，三〇三區亦積極展開申辦 1992 年獅子會國際年會的競投工作，這行動較原先設定早了四年，導致競投、籌備、舉辦的過程從五年縮短至兩年，時間非常緊湊。[115] 三〇三區亦要面對來自法國、緬甸、新加坡、大阪、蒙特利爾及芝加哥等國家及地區的激烈競爭。[116] 在此之前，獅子會國際年會的舉辦權都是由數個以至十數個單區組成的複合區取得，從來沒有一個單區能成功申辦。[117] 即使單區競投舉辦權在人力資源上較複合區短缺，但三〇三區依然迎難而上，最終創下首個單區舉辦獅子會國際年會的先例。

113〈救濟黑沙環臨時安置區大火〉，《港澳獅聲》，1985 年 3 月，頁 35；〈由鍾送機會長及本會捐出 MOP$8,000 賑濟澳門筷子基南街火災災民〉，《港澳獅聲》，1992 年 1 月，頁 41。

114〈1976 年回顧〉，《港澳獅聲》，1977 年 6 月，頁 52；〈捐送電視機與老人院及痲瘋院〉，《港澳獅聲》，1978 年 3 月，頁 40；〈與第四分域屬下之獅子會致贈二仟件毛衣予澳門八家安老院〉，《港澳獅聲》，1992 年 2 月，頁 35。

115 口述歷史訪問，譚榮根先生，2020 年 8 月 28 日。

116 同上。

117 同上。

圖 2.46　1992 年，獅子會國際年會開幕典禮，獻旗儀式表示國際友誼。(《港澳獅聲》1992 年 7 月及 8 月）

圖 2.47　1992 年，港督衛奕信勳爵出席第 75 屆獅子會國際年會致辭。(《港澳獅聲》1992 年 7 月及 8 月）

圖 2.48　時任國際總會長 Donald E Banker（1991/92 年度）在獅子會國際年會致辭，旁為前國際總會長 William L Biggs 及前總監譚榮根。(前國際總會長譚榮根提供）

圖 2.49　獅子會國際年會的國際巡遊。右起：前國際理事范佐浩，前國際理事李國賢。(前國際理事范佐浩提供）

回歸歷程：面向祖國的年代
（1997—2020）

自香港和澳門回歸祖國後，三地交往更見頻繁，關係變得日益密切，大大促進了彼此之間的經貿融合，並漸漸發展出互惠互利的合作模式。2003 年，香港經濟因非典型肺炎而大受打擊，中國隨即與香港簽訂首份自由貿易協定—《內地與港澳關於建立更緊密經貿關係的安排》（英文簡稱 CEPA），目的為香港產品及服務開拓龐大的內地市場，進一步強化兩地之間的經濟合作及融合。[118] 自簽訂協定後，中港兩地政府都一直保持緊密磋商，定期擴充條款內容並引入更多新措施，以應對不同時期的本地及環球經濟狀況所帶來的挑戰及機遇。[119] 例如為了確保兩地之間的貿易壁壘，CEPA 確定香港對中國製造的進口貨品實行零關稅，而內地同樣地不會對香港製造的進口貨品徵收關稅。[120] 另外，CEPA 允許中國內地居民以個人形式來港旅遊，俗稱「自由行」，從而促進香港旅遊、零售、酒店等行

118〈內地與港澳關於建立更緊密經貿關係的安排〉，工業貿易署，2020 年 10 月 14 日。
119 同上。
120〈內地與港澳關於建立更緊密經貿關係的安排〉主體文件，工業貿易署，2003 年 6 月 29 日。

圖 2.50　1997 年，香港回歸中國的交接儀式。
（高添強提供）

圖 2.51　1999 年，澳門回歸祖國。
（高添強提供）

業，挽救受疫情重創後的經濟。「自由行」計劃先以廣東省 4
個城市為試點，至今已經推廣至全國 49 個城市，多年來對促
進香港經濟繁榮有巨大的貢獻。[121] 2015 至 2018 年間，CEPA
亦在投資、貨物貿易、服務貿易、經濟技術合作四方面作出新
修訂。

　　2017 年，廣東、香港、澳門三地政府共同簽訂《深化粵
港澳合作推動大灣區建設框架協議》，香港和澳門正式加入大
灣區的發展規劃。當中，香港憑著「一國兩制」的經驗，以及
國際金融、航空、航運、貿易等長期優勢，在區內擔當重要領

121〈內地與港澳關於建立更緊密經貿關係的安排〉主體文件，工業貿易署，2003 年 6
　　月 29 日；〈旅客資料〉，旅遊事務署，2020 年 9 月 24 日。

導角色。[122] 在大灣區的整體發展規劃下，香港、澳門、廣東九個省市的優勢得以整合及充分發展，有效地提升香港的競爭力，並為祖國的發展提供更強大的基礎。

時至今日，中國內地是香港最大的貿易夥伴、貨物供應地、香港產品的出口市場，以及外來直接投資的第二大來源地；相反，香港也是中國內地最大的貿易夥伴、外來投資資金來源，以及內地貨物第二大出口市場。[123] 自從「自由行」——港澳地區旅行計劃於 2003 年實施，中國內地居民可以用更簡易及方便的途徑到訪澳門。從計劃開展到現在，內地居民在入境旅客數量及旅客消費者力中一直盤據榜首，大力刺激澳門零售業及博彩業的發展。[124] 當中，以自由行方式到達澳門觀光及消費的中國旅客長期佔整體中國旅客四成水平。[125] 由初年入境人次徘徊在 500 至 700 萬之間，到 2010 年後呈現穩定增長，並於 2017 年首次突破 1,000 萬人次。[126] 同時，2012 年至 2019 年數據指出「自由行」旅客的消費力比起「非自由行」遊澳的

122〈概要〉，粵港澳大灣區，https://www.bayarea.gov.hk/tc/about/overview.html，瀏覽於 2021 年 3 月 31 日。

123〈香港與中國內地的貿易摘要〉，工業貿易署，2020 年 10 月 14 日。

124 澳門特別行政區政府統計暨普查局：《澳門經濟季刊》Vol. 2004（Q4），頁 39-40；Vol.2007（Q4），頁 43-44；Vol.2010（Q4），頁 41、43；Vol.2013（Q4），頁 39、41；Vol.2016（Q4），頁 40、43；Vol. 2019（Q4），頁 44、46。

125 同上。

126 同上。

中國旅客還要高。[127] 由此可見，中國與港澳地區的關係自回歸後已經演變成密不可分的夥伴，互補優勢，共同繁榮。

三〇三區與祖國

在眾多三〇三區支援祖國的服務之中，「視覺第一・中國行動」的意義及成效最為重大，亦一直備受矚目。「視覺第一」是國際獅子總會其中一項全球性服務計劃，目標在協助貧困國家應對一系列可預防及可治療的眼疾，以降低全球失明人口。[128] 令人無奈的是，全球九成失明人口集中在貧困的發展中國家，礙於資金、人才、技術上的限制，它們多年來積壓了大量眼疾個案，導致舊症患者無法得到及時治療而永久失去視力，新症患者亦難以得到任何實際醫療支援。[129] 有見及此，國際獅子總會在 1990 年正式提出「視覺第一」計劃，預期斥資逾 1 億美元，動員全球會員，並與世界衛生組織、國際防止失明協會、多國官方及非官方組織等合作，攜手在眼科人才培育、基礎建設、科技轉移上為貧困國家提供協助。[130] 直至 1992

---

127 澳門特別行政區政府統計暨普查局：《澳門經濟季刊》Vol.2013（Q4），頁 39、41；Vol.2016（Q4），頁 40、43；Vol. 2019（Q4），頁 44、46。

128〈視力第一：獅子會員致力克制失明　舉辦新國際性服務計劃〉，《港澳獅聲》，1990年 9 月，頁 11。

129 同上，頁 12。

130 同上，頁 11-12。

年底，「視覺第一」計劃已經成功進駐印度、秘魯等國，展開各種服務工作以降低白內障的致盲率。[131]

雖然「視覺第一」強調全球服務，但是在計劃開展初期，中國由於未有建立獅子會分會而未被納入服務範圍。[132] 1990年代初，全球失明人口有 4,000 萬，當中一半因患有白內障而失明，只要接受適切治療後便可以回復視力。其時中國有 900 萬名失明人士，當中接近 450 萬人患有白內障，可是每年全國接受手術的患者只有極少，加上每年有 40 萬宗新增個案，情況令人憂慮。[133]

最終，在三〇三區的積極協助下，國際獅子總會在 1993 年向中國提供 62 萬美元援助，資助大量白內障患者施行手術，翌年在浙江省展開「視覺第一・中國行動」；直至 1996 年，超過 4,000 名白內障患者順利接受手術治療。[134] 1997 年，國際獅子總會正式展開「視覺第一・中國行動」的第一期五年

131〈「視覺第一」給印度帶來了光和希望〉，《港澳獅聲》，1992 年 11 月，頁 11；〈視覺第一：秘魯視覺第一區域加速對失明的進攻〉，《港澳獅聲》，1992 年 12 月，頁 11。

132 口述歷史訪問，譚榮根先生，2020 年 8 月 28 日。

133 同上。

134〈The Lions Maiden CSF Trip To China Reported「視覺第一」獅友首訪中國〉，《港澳獅聲》，1993 年 9 月，頁 30-35；〈SightFirst China Action Update 視覺第一中國行動〉，《港澳獅聲》，1997 年 11 月，頁 36-37；〈視覺第一中國服務浙江省新昌縣防盲及山西省陽曲縣及懷仁縣視覺第一工作報告〉，《港澳獅聲》，1997 年 1 月，頁 35-36。

圖 2.52　1993 年，全國人大副委員長吳階平教授接見 LCI 主席馬泰上屆會長及各獅友於中國衛生部。同時，出席者包括北京協和醫院院長陸召麟教授。(《港澳獅聲》1993 年 9 月，頁 30–35)

圖 2.53　1997 年，山西省陽曲縣及懷仁縣視覺第一工作報告。
(《港澳獅聲》1997 年 1 月，頁 35–36)

計劃，目標在五年內完成 175 萬宗白內障手術。[135] 第二期及第三期的五年計劃亦分別於 2002 年及 2012 年展開，使數以百萬計的中國白內障患者得以重見光明。2018 年，國際衞生計生委醫院管理研究所和國際獅子總會簽署第四期合作協議。

從「視覺第一‧中國行動」的例子可見，三〇三區早在回歸前已經心繫祖國，正當中國面對難題時，一眾獅友義無反顧地運用自身的資源、優勢及人脈替祖國排解疑難。另外，三〇三區同時關注中國的大小事務，自回歸後亦在賑災、防治愛滋病，環保行動等方面提供支援，而且大力推動當地獅子會的發展。

除了支援祖國之外，在香港及澳門服務層面上，三〇三區貫徹「我們服務」的精神，持續關注不同的社會範疇，並著手研究及處理箇中的議題。自回歸以來，三〇三區的本地服務主要圍繞公眾健康、老人服務、青年發展及環境保育四大範疇，並以不同服務形式來針對當中的各種議題，包括公眾健康 [136]、

135〈Cover Story SightFirst China Action 視覺第一中國行動〉，《港澳獅聲》，1999 年 3-4 月，頁 14-15。

136〈一年大事回顧〉，《港澳獅聲》，2000 年 5-6 月，頁 12；〈總監陳東岳報告〉，《港澳獅聲》，2003 年 11-12 月，頁 14；〈國際獅子會腎病教育中心及研究基金〉，《港澳獅聲》，2005 年 3-4 月，頁 29；〈總監的話〉，《港澳獅聲》，2006 年 11-12 月，頁 12；〈國際獅子會腎病教育中心及研究基金〉，《港澳獅聲》，2010 年 5-6 月，頁 21；〈國際獅子會腎病教育中心及研究基金〉，《港澳獅聲》，2011 年 5-6 月，頁 22；〈總監的話之（二）〉，《港澳獅聲》，2012 年 9-10 月，頁 20；〈國際獅子會腎病教育中心及研究基金〉，《港澳獅聲》，2013 年 5-6 月，頁 18；〈香港獅子會眼庫〉，《港澳獅聲》，2014 年 11-12 月，頁 18；〈總監的話〉，《港澳獅聲》，2019 年 3-4 月，頁 18。

圖 2.54　1986 年，獅子會合唱團支持在廉政公署「豐盛人生」活動服務。（三〇三區提供）

圖 2.55　獅子會贊助豐盛人生 86 嘉年華全港青年競技大賽（三〇三區提供）

老人服務 [137]、青年發展 [138] 及環境保育。[139]

　　此外，每當香港面對突如其來的危機，三〇三區都能快速及準確地作出回應。2003 年，正當香港受非典型肺炎突襲之際，三〇三區立即發起「對抗非典型肺炎」活動，不單支持政府及前線醫護人員打擊病毒的決心，更提高市民清潔衞生的意識。[140] 在短時間內，一眾獅友們合共捐出 31 萬多港元，使區會能夠發起更廣泛及有效的支援工作。[141] 三〇三區率先聯同香港清潔商會、環保工程商會等在港九、新界、離島清洗街道，除了保持社區清潔衞生，防止病菌滋生，亦提醒市民關注

137〈總監陳東岳報告〉，《港澳獅聲》，2003 年 11-12 月，頁 18；〈總監的話〉，《港澳獅聲》，2006 年 1-2 月，頁 10；〈分區、分域、屬會聯合訊息〉，《港澳獅聲》，2011 年 9-10 月，頁 21；〈獅子同心送暖行、歡聚齊心獻關心〉，《港澳獅聲》，2012 年 5-6 月，頁 33；〈第六分域聯合服務計劃〉，《港澳獅聲》，2012 年 5-6 月，頁 34。

138〈一年大事回顧〉，《港澳獅聲》，2001 年 5-6 月，頁 16；〈獅子會國際英語青年交流營〉，《港澳獅聲》，2001 年 11-12 月，頁 14；〈少年警訊抗毒錦囊訓練營簡報〉，《港澳獅聲》，2002 年 5-6 月，頁 21；〈禁毒警覺委員會〉，《港澳獅聲》，2005 年 11-12 月，頁 22；〈總監的話〉，《港澳獅聲》，2006 年 11-12 月，頁 12；〈梁家昌總監的話〉，《港澳獅聲》，2008 年 3-4 月，頁 16；〈國際青年交流計劃〉，《港澳獅聲》，2011 年 1-2 月，頁 14；〈獅子會禁毒先鋒隊〉，《港澳獅聲》，2012 年 1-2 月，頁 26；〈總監的話之（五）〉，《港澳獅聲》，2017 年 3-24 月，頁 16。

139〈獅子慈善植樹同樂日〉，《港澳獅聲》，2000 年 5 月，頁 14；〈總監陳東岳報告〉，《港澳獅聲》，2003 年 11-12 月，頁 17；〈環保植樹獅子行 2005〉，《港澳獅聲》，2005 年 5-6 月，頁 10-11；〈獅子會國際海岸清潔運動 2007〉，《港澳獅聲》，2008 年 1-2 月，頁 21；〈總監的話之（五）〉，《港澳獅聲》，2012 年 3-4 月，頁 23；〈總監的話之（四）〉，《港澳獅聲》，2016 年 3-4 月，頁 15。

140〈總監的話〉，《港澳獅聲》，2003 年 3-4 月，頁 15。

141〈送贈保護衣物予醫護人員抗炎〉，《港澳獅聲》，2003 年 5-6 月，頁 10。

圖 2.56–2.59　2003 年，三〇三區邀請中國殘疾人藝術
團在香港義演。(前國際理事文錦歡提供)

環境清潔。[142] 隨後，三〇三區更向房協轄下 8 個屋苑的居民派發消毒劑，又向香港及澳門的前線醫護人員派發心意卡及保護物資，如面罩、保護袍、手套等。[143] 三〇三區亦邀請中國殘疾人藝術團在香港及澳門義演，並參與共抗非典等交流活動。[144] 2020 年，新型冠狀病毒肆虐全球，三〇三區亦快速應對，向基層長者及家庭派發口罩、抗疫物資及飯盒。[145] 由此可見，三〇三區在回歸後同時兼顧中國內地及本地服務計劃，出錢、出力、出心、出時間來改善兩地人民的生活水平。

在國際層面方面，三〇三區屢次在國際總會擔當重要位置，范佐浩（1996-1998）、譚榮根（2003–2005）、文錦歡（2013–2015）先後在國際獅子總會擔任國際理事；譚榮根更於 2011/12 年度榮任國際總會長，帶領全球獅子運動。

142〈全城清潔抗炎大行動〉，《港澳獅聲》，2003 年 3-4 月，頁 26-27。

143〈送贈保護衣物予醫護人員抗炎〉，《港澳獅聲》，2003 年 5-6 月，頁 10、〈分派消毒劑活動〉，《港澳獅聲》，2003 年 5-6 月，頁 12。

144《港澳獅子會服務六十週年紀念特刊》，頁 133；〈勵志相援情系香江 中國殘疾人藝術團今出訪港澳〉《新華網》，2003 年 6 月 11 日，http://news.sina.com.cn/c/2003-06-11/0947208714s.shtml?from=wap。

145〈總監的話（四）〉，《港澳獅聲》，2020 年 1-2 月，頁 18。

圖 2.60　2003 年，全城清潔抗炎大行動。（《港澳獅聲》2003
年 3 月及 4 月，頁 26）

圖 2.61　2020 年，「獅子齊心 全民抗疫」，三〇三區向基層長
者及家庭派發口罩。（三〇三區提供）

圖 2.62　2021 年，「獅家飯」，三〇三區向低收入家庭免費派
發膳食，商務及經濟發展局副局長陳百里亦到場支持獅子會。
（三〇三區提供）

第三章

茁壯成長：
服務多元繫官民

CHAPTER 3

3.1

聯屬團體

香港獅子會眼庫

成立

香港獅子會眼庫（原名香港眼庫及研究基金）由三〇三區
獅友與香港眼科學會於 1962 年成立[1]；在此之前一年，香港剛
完成首宗眼角膜移植手術。自 1996 年更名後，香港獅子會眼
庫一直積極推動本地捐贈眼角膜的文化，拓展眼科醫療服務的
普及；致力倡導組織捐贈，並促進香港眼組織移植的發展，幫
助眼疾患者早日復明，以「助人重見光明」為宗旨。

1　香港眼科學會：《香港眼科學會六十周年特刊》，頁 57。

服務

　　1962 年，香港眼庫及研究基金籌備委員會首次在香港外國記者會開會，討論香港眼庫成立的財政支援，發起人包括 Dr. Tom Dooley、華盛頓獅子會的 Dr. Henry King、香港眼科學會代表及三〇三區獅友代表。[2] 香港眼庫及研究基金（下稱香港眼庫）是香港首個儲存及供應眼角膜的非牟利機構；三〇三區獅友潘光迥、畢偉文，以及張橋南醫生、程百京醫生為首批成員。[3] 同年，張橋南醫生和陳勝柱醫生將眼角膜移植手術引進香港。[4] 最初眼庫的眼角膜由美國提供，經由 Dr. Henry King 帶來香港，隨即施行首兩次眼角膜移植手術。[5] 鑒於當時法例未通過由本地居民捐贈眼角膜，斯里蘭卡成為眼角膜的主要來源地[6]；斯里蘭卡受當地宗教影響，認為人死後應留下足印，保留部份身體是其中一個辦法。

　　1964 年，立法局通過法令，讓香港眼庫減少依賴斯里蘭卡的眼角膜來源，開始在本地呼籲市民過世後捐出眼角膜，期望增加庫存讓更多人受惠。1968 年，政府實施《醫療（治療、

2　"Plans for Eye Bank Advance," *South China Morning Post,* July 20, 1962.

3　"Approval for Eye Bank Sought," *South China Morning Post*, August 7, 1962.

4　〈香港眼科醫療發展回顧及展望〉，香港醫學博物館，https://www.hkmms.org.hk/zh/event-exh/event/ophthalmological_development/，瀏覽於 2021 年 3 月 31 日。

5　〈美眼科專家昨施行角膜移植手術示範〉，《華僑日報》，1961 年 11 月 4 日。

6　口述歷史訪問，胡志鵬先生，2020 年 8 月 26 日。

教育與研究）條例》[7]，令香港眼庫得以擴展服務。

1976 年，香港眼庫為響應世界衛生組織的主題「先見·預防盲症」，舉辦失明防治展覽，針對青光眼為失明主因，實踐公眾教育。[8] 當時全球至少有 100 萬人次失明，香港的失明人士佔 10,000 名。另外，香港眼庫亦於九龍加連威老道盲人輔導會開設「視力低能中心」，開辦提供視力幫助器的醫療服務。中心開設收費廉宜的眼科診療所；經香港基督教服務會及盲人會推薦的病人，每次只收取 10 港元醫藥費。香港眼庫也致力宣傳青光眼的防治，派發《我是否青光眼》小冊子予公眾，更以流動醫療車為公共屋邨的市民作青光眼檢驗。[9]

1981 年，香港眼庫於浸會醫院設立激光診所，針對糖尿病引起的視網膜症提供激光療法。[10] 眼庫亦為香港的醫院提供眼角膜，直至 1989 年，眼庫累積捐出 100 對眼角膜予威爾斯親王醫院、油麻地政府眼科診所和私家醫生。除了支持眼疾的治療，眼庫也在 1980 年代推動眼科學術研究，出版胡志成教授的《白內障患者手術前後之視覺官能》。[11]

1990 年代，民間對於眼角膜移植、眼角膜捐贈，甚至是

7　《醫療（治療、教育與研究）條例》，電子版香港法例，https://www.elegislation.gov.hk/hk/cap278!zh-Hant-HK，瀏覽於 2021 年 3 月 31 日。

8　〈Lions Organizing the Prevention of Blindness Exhibition〉，《港澳獅聲》，1976 年 3 月，頁 7。

9　〈創設視力低能輔導中心〉，《港澳獅聲》，1976 年 11 月，頁 10-11。

10　〈香港眼庫及研究基金一九八三年度報告〉，《港澳獅聲》，1984 年 3 月，頁 10-12。

11　〈工作報告〉，《港澳獅聲》，1984 年 10 月，頁 9-11。

西方醫學治療失明已不再陌生。1991 年，香港眼庫除了恆常的修復失明眼睛，主要的工作集中於號召本地捐贈者和推動公眾教育。[12] 1992 年，香港眼庫成立眼角膜實驗室（Eye Tissue Laboratory, ETL），同年捐贈眼角膜予醫院管理局作為醫療人員培訓用途。[13] 1994 年，獅友汪松亮捐出 100 萬港元予香港眼庫，在明愛醫院成立「亮珍明愛眼角膜庫」。1995 年 7 月，香港眼庫在中環、彩虹、荃灣、柴灣和觀塘地鐵站舉辦捐眼展覽及諮詢，結果兩個月展期共招募了 350 位市民即場簽署「捐眼卡」，於死後義務捐出眼角膜。隨著本地大眾普遍接受眼睛器官捐贈[14]，1997 年回歸之時，斯里蘭卡亦不再向香港眼庫供應眼角膜，香港獅子會眼庫的所有捐贈皆來自香港本地。[15]

踏入 21 世紀，醫院管理局正式取代香港獅子會眼庫操作眼角膜移植手術的角色，而香港獅子會眼庫亦轉而加強推廣眼科普及知識的教育，為有需要的人提供服務。

2006 至 2008 年，香港獅子會眼庫舉辦「群獅金禧慈善白內障手術計劃」，由獅子會國際基金會贊助，為 2,500 名正於公營醫院輪候白內障手術的領取綜援人士提早施行手術，並由眼庫、醫管局醫生、私人執業醫生共同合作推動慈善服務活

12 〈工作報告〉，《港澳獅聲》，1993 年 2 月，頁 27-28。
13 〈香港眼庫服務前瞻〉，《港澳獅聲》，1993 年 7 月。
14 〈捐眼展覽在地鐵 '95〉，《港澳獅聲》，1995 年 8 月，頁 38。
15 〈Lions Eye Bank of Hong Kong〉，《港澳獅聲》，1997 年 5 月，頁 10。

圖 3.1　1992 年，前總監潘光迴與前國際理事李國賢出席「李馮琪華
眼角膜庫」開幕典禮。（香港獅子會眼庫提供）

動，縮減了病人輪候手術的時間。[16]

　　2012 年，香港獅子會眼庫與屯門醫院合辦公眾展覽活
動，繼續為眼角膜捐贈作宣傳推廣。[17]

　　2013 年，香港獅子會眼庫開始服務老年人，與香港眼科
學會聯合主辦「眼庫杏林護耆康」活動；同年得到深水埗街坊
會協辦「眼庫杏林護耆康 2013」，為深水埗 150 位長者驗眼，
並舉行眼疾講座和盆菜宴等。[18]

　　2014 年，香港獅子會眼庫續辦「眼庫杏林護耆康 2014」，
服務 150 位元朗長者。活動包括眼疾講座及答問、驗眼、獅
友唱歌及舞龍表演、盆菜宴等。當日邀請時任食物及衛生局
局長高永文主禮並為彩龍點晴，大會主席高敏華將龍珠交給高

16 〈免費進行手術二千五人受惠白內障綜援病者見光明〉，《大公報》，2006 年 9 月
　　4 日。
17 〈香港獅子會眼庫〉，《港澳獅聲》，2012 年 5-6 月，頁 32。
18 〈香港獅子會眼庫〉，《港澳獅聲》，2013 年 9-10 月，頁 16。

局長，揭開活動的序幕。[19] 同年，香港獅子會眼庫再與香港眼科學會及香港眼科醫學院舉辦「活出睛彩—正視眼角膜疾病」展覽及眼科醫療新知講座[20]，為香港老人提供視力、青光眼檢查和普及眼科知識。[21]

2016 年，香港獅子會眼庫在天水圍獅子會何德心小學舉行兒童服務活動［眼庫杏林護學童 2016］［不一樣的兒童驗眼服務］，協辦單位包括錦繡獅子會和新界西獅子會。當日邀請時任食物及衞生局局長高永文、時任總監馮妙雲、前國際總會長譚榮根出席主禮；並且有 50 多位醫科學生及眼科醫生出席，為 200 位小學生驗眼，還有勵志講座、魔術、遊戲、美術手工製作等。[22]

2018 年 8 月至 2019 年 6 月，三〇三區舉辦「香港獅子會眼庫，邱維廉基金精準扶貧光明行 2018」，慈善青海西寧白內障手術活動。香港獅子會眼庫聯同邱維廉基金主辦活動，協辦單位為香港半山獅子會、香港國金獅子會、青海省僑聯、西寧愛爾眼科醫院，活動亦得到中華全國歸國華僑聯合會，中國華僑公益基金會協辦。[23] 活動的目標是為中國青海 1,500 位貧困

---

19 〈香港獅子會眼庫〉，《港澳獅聲》，2014 年 11-12 月，頁 18。

20 〈香港獅子會眼庫〉，《港澳獅聲》，2014 年 7-8 月，頁 38。

21 同上。

22 〈香港獅子會眼庫〉，《港澳獅聲》，2016 年 5-6 月，頁 15。

23 〈僑界投身扶貧 為青海白內障患者點亮光明〉，《China News Service 華人新聞》，2018 年 8 月 2 日。

圖 3.2　香港獅子會眼庫成立 55 週年暨 2017-2019 年度職員就職典禮，眼庫董事局成員與嘉賓合照。(香港獅子會眼庫提供)

圖 3.3　2016 年，[眼庫杏林護學童 2016]主禮嘉賓高永文醫生、前國際會長譚榮根博士、前總監馮妙雲和眼庫董事局成員合照。(香港獅子會眼庫提供)

圖 3.4　2016 年，「眼庫杏林護學童 2016」不一樣的兒童驗眼服務大合照。(香港獅子會眼庫提供)

圖 3.5　2018 年，慈善青海西寧白內障手術活動，第一批受眾完成手術，
等候揭開紗布的一刻。（香港獅子會眼庫提供）

圖 3.6　2018 年，慈善青海西寧白內障手術活
動，由會長高敏華和主席鄭澤鈞醫生帶領主持
啟動禮。（香港獅子會眼庫提供）

圖 3.7　2018 年，慈善青海西寧白內障手術活
動，主席鄭澤鈞醫生、副會長楊鳳儀醫生指導和
示範手術所需要的事項。（香港獅子會眼庫提供）

白內障患者免費施行手術，令患者免受失明之苦，並藉此提高
患者的自理能力，改善日常生活。活動還照顧到患者從偏遠山
區住所往返手術室的安排，為他們提供免費住宿和交通費。[24]

24　〈香港獅子會眼庫成立 55 周年〉，《港澳獅聲》，2018 年 1-2 月，頁 32-33。

願景

以往不少眼疾患者只能無奈承受失明之苦，隨著時代與醫療科技的發展，今日已經有新的治療方法及手術，以改善視力而免於失明。香港獅子會眼庫在這 50 多年來，在熱心獅友、市民，眼科醫生齊心協力的支持下，令眾多病者從黑暗中走向光明。展望未來，香港獅子會眼庫會加強在香港 18 區內舉行眼疾普查，推動器官捐贈及公眾教育等工作，並幫助低收入家庭免費檢查和醫治眼疾。

國際獅子會腎病教育中心及研究基金

國際獅子會腎病教育中心及研究基金是三〇三區於 1991 年創立的聯屬團體，服務至今已經 29 年。機構一直積極從事提供醫療支援和教育推廣的工作，讓有經濟困難的腎病患者受惠於收費低廉的洗腎服務，並強化公眾對腎病的認識和預防意識。

追溯根源，國際獅子會腎病教育中心及研究基金的成立，是為了紓緩政府多年來對腎病患者關注及支援不足的問題。長

久以來，政府都沒有具體藍圖去擴展與腎病相關的支援服務；以 1978 年為例，該年約有 400 名嚴重腎病患者因病去逝。[25] 香港腎科學會（籌備委員會）表示，假如香港能提供長期及充足的洗腎服務，相信有半數死者可以繼續生存。[26] 事實上，直至 1970 年代末，香港公立醫院只有瑪麗醫院及瑪嘉烈醫院設有洗腎部門，提供合共 19 部洗腎機為約 200 名腎病患者服務，無法滿足日益增長的需求。[27] 在香港腎科學會提議下，醫務衞生署才正式於 1979 年研究實行地區洗腎服務診所的可能性。[28] 數年之後，在醫務衞生署的統籌下，服務擴展計劃初見成效。公立醫院如東華醫院、伊利沙伯醫院及仁濟醫院先後於 1980 年代設立洗腎部門，提升公營醫療系統對腎病患者的支援。1987 年，政府已經擁有 90 部洗腎機，每年可以為 550 名嚴重腎病患者提供長期的洗腎服務。[29] 儘管如此，公營醫療系統依然未能滿足洗腎服務的龐大需求。同年的整體數字顯示，香港腎病患者為數約十萬多，而其中需要長期洗腎的達 1,000 多人；換言之，公營洗腎服務只能應付一半的需求，仍然有接近一半患者未能接受適切的治療。[30] 考慮到每年每 100 萬人口

25　〈腎病患者年死四百〉，《大公報》，1978 年 3 月 22 日。

26　同上。

27　〈私人購買洗腎機有急劇增長跡象〉，《香港工商日報》，1979 年 7 月 5 日。

28　同上。

29　〈家居腹膜透析洗腎法 醫務諮詢委會建議推廣〉，《大公報》，1987 年 11 月 17 日。

30　〈三〇三區籌備興建腎病中心〉，《港澳獅聲》，1987 年 3 月，頁 12。

中就有 35 至 45 名新患者需要洗腎，進一步擴展洗腎服務的供應可謂刻不容緩。[31]

在政府擴大對腎病支援的過程中，私人團體亦扮演著重要的協助角色。當中，九龍塘獅子會及西九龍獅子會分別於 1979 年及 1981 年分別捐贈 25,000 港元及 55,000 港元予香港大學醫學院和東華醫院作添置洗腎機之用。[32] 同時，三〇三區知道，單憑政府的力量，根本無法應付洗腎服務急增的需求，公營醫療系統急需額外支援來紓緩壓力。[33] 有見及此，三〇三區計劃於九龍區興建一所永久腎病中心，讓更多嚴重腎病患者能夠使用洗腎服務。在 1987 年的獅子行籌款活動中，三〇三區決定以「洗腎救人」為主題，結果順利籌得超過 100 萬港元善款，率先為建立腎病中心注入一筆可觀的資金。[34] 這項計劃對於香港的醫療發展及腎病患者別具意義；因此，它不單得到獅子會國際基金會及其他善長的資助，更得到香港中文大學、香港大學及香港腎病醫學會的專業及技術支援。[35] 在三〇三區和寶血醫院的合作下，籌備四年的國際獅子會腎病教育中心及研究基金及其轄下第一間洗腎中心—寶血醫院（明愛）洗腎

---

31 〈家居腹膜透析洗腎法 醫務諮詢委會建議推廣〉，《大公報》，1987 年 11 月 17 日。

32 〈社團資助社區社會服務〉，《華僑日報》，1979 年 3 月 26 日；〈西九龍獅子會集款贈三院新型洗腎機〉，《華僑日報》，1981 年 10 月 26 日。

33 〈三〇三區籌備興建腎病中心〉，《港澳獅聲》，1987 年 3 月，頁 12。

34 同上；〈洗腎救人獅子行〉，《港澳獅聲》，1987 年 4 月，頁 16。

35 〈國際獅子會腎病教育中心及研究基金〉，《港澳獅聲》，1990 年 11 月，頁 11-15。

中心終於在 1991 年成立。機構有三大主要目標：一、促進健康和預防以減低腎病的蔓延，達致「預防勝於治療」的目的；二、提升腎病患者的生活質素；三、長遠地為人類獲得公平及健康的世界性目標作出貢獻。[36]

營運初期，機構的規模相當有限。在只有一間洗腎中心和四部洗腎機的情況下，每星期只能為大約 48 名病人提供洗腎服務。不過，對於每名受惠患者而言，中心所提供的洗腎服務猶如雪中送炭，其低廉收費更是意義重大。一般私家醫院的洗腎服務每次約需 3,000 港元，機構把收費調低至私家醫院收費的二至三成之間，每次約 700 多港元，讓經濟困難的患者享有優質的洗腎服務。[37] 投入服務以來，機構轄下的寶血醫院（明愛）洗腎中心於 2000 年已經提供總共超過 35,000 次洗腎服務。[38] 為了擴充規模以應付持續上升的需求，機構成功取得黃秀華紀念基金的巨額資助，於同年成立陳黃秀華紀念洗腎中心；至此機構合共有 16 部洗腎機投入服務，次年增加一倍至 32 部。由 2001 至 2007 年為止，機構接收了 730 位新患者，累積受惠人數高達 1,650 人，洗腎總次數則錄得接近一倍增長。雖然機構的服務於 2006 年進入飽和狀態，但隨著第三及第四間洗腎中心—香港中華傳統文化獅子會蔣翠琼洗腎中心

36　國際獅子會腎病教育中心及研究基金：《第七週年紀念慈善餐舞會暨第八屆總理就職典禮（1998-1999）》，頁 1。

37　〈主要服務計劃〉，《港澳獅聲》，1994 年 2-3 月，頁 58。

38　〈國際獅子會腎病教育中心及研究基金〉，《港澳獅聲》，2000 年 3-4 月，頁 27。

和香港左駄汽車商會洗腎中心分別於 2010 年和 2017 年投入服務，機構繼續為香港嚴重腎病患者提供優質且低廉的洗腎服務。時至今日，機構轄下的洗腎中心在規模上仍然佔本地的領導地位，共有 52 部洗腎機投入運作。[39] 2018 年，中心的每年平均洗腎節數突破 20,000 次，為很多嚴重腎病患病作出適切的治療。[40]

除了洗腎服務外，機構所舉辦的活動，不論在主題、性質、抑或成效上，都完全呼應本身的三大目標，並且可以分為六大種類：教育、聯誼、探訪、學術及意見交流、人才培訓及籌款。在減低腎病的蔓延方面，機構推出一系列教育推廣活動，向公眾傳遞正確預防腎病的資訊。機構又經常舉辦與腎病及糖尿病相關的展覽、講座及研討會，提醒公眾兩者之間密不可分的關係；[41] 並特別指出糖尿病是慢性腎病和末期腎衰竭的主要成因。[42] 通過長期洗腎服務的經驗，機構亦發現香港嚴重

---

39 〈國際獅子會腎病教育中心及研究基金〉，《港澳獅聲》，2019 年 9-10 月，頁 16。
40 〈國際獅子會腎病教育中心及研究基金〉，《港澳獅聲》，2018 年 7-8 月，頁 27。
41 〈獅會辦糖尿病腎病展覽〉，《大公報》，2004 年 4 月 9 日；〈國際獅子會腎病教育中心及研究基金〉，《港澳獅聲》，2010 年 5 月至 6 月，頁 21；〈國際獅子會腎病教育中心及研究基金〉，《港澳獅聲》，2011 年 5 月至 6 月，頁 22；〈國際獅子會腎病教育中心及研究基金〉，《港澳獅聲》，2012 年 5 月至 6 月，頁 30；〈國際獅子會腎病教育中心及研究基金〉，《港澳獅聲》，2013 年 5 月至 6 月，頁 18；〈國際獅子會腎病教育中心及研究基金〉，《港澳獅聲》，2014 年 5 月至 6 月，頁 21；〈國際獅子會腎病教育中心及研究基金〉，《港澳獅聲》，2015 年 7 月至 8 月，頁 34；〈國際獅子會腎病教育中心及研究基金〉，《港澳獅聲》，2016 年 5 月至 6 月，頁 16；〈國際獅子會腎病教育中心及研究基金〉，《港澳獅聲》，2017 年 5 月至 6 月，頁 21。
42 〈國際獅子會腎病教育中心及研究基金〉，《港澳獅聲》，2018 年 5-6 月，頁 23。

洗腎服務概況 [43]

年份	洗腎機數目	累積受惠人數	累積洗腎總次數
1991 年 9 月 （營運首月）	4 部	預計 48 人	預計 192 次
1992/1993	6 部	48 人	3,631 次
1994/1995	12 部	155 人	9,640 次
1998/1999	16 部	649 人	28,874 次
2001/2002	32 部	920 人	54,368 次
2002/2003	32 部	1,031 人	64,754 次
2003/2004	32 部	1,478 人	74,881 次
2005/2006	32 部	1,650 人	92,376 次
2006/2007	32 部	1,650 人	106,623 次
2016/2017	40 部	1,770 人	243,000 次

腎病患病大多數都同時患有糖尿病。根據機構的數據，在 1990 及 2000 年代接受洗腎服務的患者中，七成同時受到糖尿病困

---

43 〈國際獅子會腎病教育中心及研究基金記者招待會〉，《港澳獅聲》，1991 年 2 月，頁 22；〈Lions Kidney Educational Centre and Research Foundation Chairman's Annual Report Ending〉，《港澳獅聲》，1993 年 9 月，頁 36；〈聯合就職典禮〉，《港澳獅聲》，1995 年 7-8 月，頁 44；國際獅子會腎病教育中心及研究基金：《第十週年紀念慈善餐舞會暨第十一屆總理就職典禮（2001-2002）》，頁 2-3；《第十一週年紀念慈善餐舞會暨第十二屆總理就職典禮（2002-2003）》，頁 2-3；《第十三週年紀念慈善餐舞會暨第十三屆總理就職典禮（2003-2004）》，頁 2-3；《第十五屆董事局就職典禮暨慈善餐舞會（2005-2006）》，頁 2-3；《第十五週年紀念慈善餐舞會暨第十六屆總理就職典禮（2006-2007）》，頁 2-3；《第二十五週年紀念慈善餐舞會暨第二十六屆總理就職典禮（2016-2017）》，頁 2-3。

擾，情況使人憂慮。[44] 機構希望通過教育推廣活動，使公眾更了解糖尿病的深遠影響，從而提高公眾的健康意識，並鼓勵他們緊密關注身體狀況，尤其是血糖及體重的變化。這些推廣活動不但有助減低公眾患上糖尿病的風險，亦促使糖尿病患者妥善護理身體，以免病情惡化至嚴重腎病。

就改善患者的生活質素方面，定期的聯誼及探訪活動為中心的腎病患者提供情感支援，使他們更樂觀面對腎病帶來的煎熬。洗腎服務短缺、洗腎時間長及長期等候換腎都是一眾患者日常面對的問題，對他們的身心理構成巨大壓力。因此，機構希望以洗腎中心作為平台，讓「腎友」們認識具有相同經歷的伙伴，擴大社交圈子，互相扶持。[45] 此外，機構時常舉辦不同的聯誼及探訪活動，遊戲、歌唱表演、利是派發、禮物抽獎及大食會等節目，讓患病及其家人在歡樂的氣氛中共渡美好時光。在機構舉辦的多種社交活動當中，最特別的莫過於在 1995 年舉行的亞洲腎臟移植病人運動會暨第二屆全港腎友運動日。該活動是由機構贊助，區域市政局及香港腎科學會合辦，並邀請日本、台灣及南韓等國腎臟移植病人與香港的腎臟移植病人比賽。[46]

---

44 〈國際獅子會腎病教育中心及研究基金〉，《港澳獅聲》，2007 年 9-10 月，頁 14；國際獅子會腎病教育中心及研究基金：《第七週年紀念慈善餐舞會暨第八屆總理就職典禮（1998-1999）》，頁 2-3；《第十一週年紀念慈善餐舞會暨第十二屆總理就職典禮（2002-2003）》，頁 2-3。

45 〈主要服務計劃〉，《港澳獅聲》，1994 年 2-3 月，頁 58。

46 〈獅子會腎病教育中心及研究基金〉，《港澳獅聲》，1994 年 12 月 -1995 年 1 月，頁 33-34。

活動目的是證明腎病患者在接受腎臟移植後與普通人沒有差異，一樣能夠融入社會，參加正常運動。[47]

　　每一個年度，機構都會安排學術交流、人才培訓及資金籌集。機構會從本地或海外邀請一位腎科權威出任客席教授，就機構的運作及服務提供專業指導和意見。客席教授亦會與本地醫生及專家分享研究專題，促進彼此之間的學術交流。同時，機構自成立以來一直與不同團體及部門合辦腎臟護理課程，例如香港浸信會醫院、香港腎科綜合中心、香港公開大學和醫院管理局。課程每年為約 40 至 60 名註冊護士提供腎科課程和實習，使更多護理人員能夠向腎病患者提供更適切的治療。除了交流意見及培育人才，籌集資金同樣重要。機構的日常營運、擴張規模、添置器材、舉辦活動，一切都涉及巨額開支。因此，機構每年都會籌辦各式各樣的籌款活動，一方面宣揚預防腎病的意識，另一方面呼籲社會各界人士對有需要的腎病患者伸出援手；活動包括獅子行步行籌款、慈善舞會或音樂會，以及大型電視籌款節目。[48]

47　同上。

48　國際獅子會腎病教育中心及研究基金：《第七週年紀念慈善餐舞會暨第八屆總理就職典禮（1998-1999）》，頁 2-3；《第十週年紀念慈善餐舞會暨第十一屆總理就職典禮（2001-2002）》，頁 2-3；《第十一週年紀念慈善餐舞會暨第十二屆總理就職典禮（2002-2003）》，頁 2-3；《第十三週年紀念慈善餐舞會暨第十三屆總理就職典禮（2003-2004）》，頁 2-3；《第十五屆董事局就職典禮暨慈善餐舞會（2005-2006）》，頁 2-3；《第十五週年紀念慈善餐舞會暨第十六屆總理就職典禮（2006-2007）》，頁 2-3；《第二十五週年紀念慈善餐舞會暨第二十六屆總理就職典禮（2016-2017）》，頁 2-3。

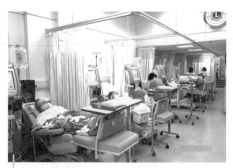

圖 3.8　位於深水埗的洗腎中心（國際獅子會腎病教育中心及研究基金提供）

圖 3.9　洗腎中心之血液透析洗腎服務（國際獅子會腎病教育中心及研究基金提供）

圖 3.10　2018 年，與三〇三區合辦糖尿病‧腎病知多 D-2018 年健康展覽及研討會。（國際獅子會腎病教育中心及研究基金提供）

圖 3.11　2018 年，糖尿病‧腎病知多 D 健康展覽。（國際獅子會腎病教育中心及研究基金提供）

圖 3.12　2019 年，洗腎救人獅子行慈善步行籌款起步禮。（國際獅子會腎病教育中心及研究基金提供）

圖 3.13　2019 年，國際獅子會腎病教育中心及研究基金週年紀念慈善餐舞會暨年度董事局就職典禮。（國際獅子會腎病教育中心及研究基金提供）

圖 3.14　我和世界冠軍有個約會 2019 慈善拉丁舞籌款夜（國際獅子會腎病教育中心及研究基金提供）

獅子會自然教育基金

　　1990 年，三〇三區創立獅子會自然教育基金，以「推動保護自然生態，倡議環保教育」為宗旨。[49] 同年，基金於西貢蕉坑自然保護區創立獅子會自然教育中心；設有多元化的展覽介紹香港自然生態，並提供戶外康樂活動的場所。

　　西貢蕉坑自然保護區具有極高的生態及保育價值；它不單是香港三大自然保護區之一，亦是少數未受破壞的郊野地區，曾於 1950 年代用作特定農業種植區，向農民提供農作物種植技術。[50] 當地是一個非常合適的選址呈現香港野生生態、種植方式、自然資源，以及早期漁農業變革。[51]1986 年，政府有意在西貢蕉坑發展自然教育中心，一方面保留香港傳統鄉村的風貌傳統，另一方面開發室內及戶外的教育性展覽及相關康樂設

49　〈獅子會自然教育基金〉，《港澳獅聲》，2018 年 1-2 月，頁 26-27。
50　〈獅子會自然教育中心奠基典禮〉，《港澳獅聲》，1991 年 4 月，頁 22-23；〈獅子會自然教育中心〉，《港澳獅聲》，1993 年 1 月，頁 76-79。
51　〈獅子會自然教育基金〉，《港澳獅聲》，1993 年 1 月，頁 76-79。

施。[52] 該計劃隨即獲得郊野公園委員會、西貢政務處及文康市政科的支持，並由漁農處負責策劃跟進。[53]1988 年，漁農處在「獅子行」步行籌款活動中正式邀請三〇三區協助建立西貢蕉坑自然教育中心。

事實上，協助發展一個佔地 16.5 公頃的自然保護區絕非易事。按照漁農處的發展藍圖，中心的興建及擴建工程分為三期，整體總開支估計高達 2,000 萬港元；第一期工程資金為 500 萬港元。[54] 為了應付龐大的開支，三〇三區需要籌募超過 1,000 萬港元。[55] 經過一系列的籌募活動，三〇三區至 1990 年 4 月已經籌得 500 萬港元，並於同年 6 月創立獅子會自然教育基金以管理款項。[56] 籌款目標最終於次年 4 月完滿達成，為首期工程提供充裕資金。[57] 隨著首階段工程順利竣工，獅子會自然教育中心於 1991 年 6 月正式開幕。第二及三期工程以增設展覽場地、公眾設備及美化場地為主要目標，隨後於 1992 年及 1993 年逐步展開。[58]

獅子會自然教育中心有三項主要目標：其一、保護現存的

---

52 同上。

53 〈植樹獅子行 89/90〉，《港澳獅聲》，1990 年 4 月，頁 23-24。

54 〈獅子會自然科學戶外教育中心〉，《港澳獅聲》，1990 年 2 月，頁 24-26。

55 〈獅子會自然教育中心舉行青少年服務日〉，《港澳獅聲》，1990 年 9 月，頁 23。

56 〈獅子會自然教育基金近訊〉，《港澳獅聲》，1991 年 5 月，頁 15。

57 〈植樹獅子行 89/90〉，《港澳獅聲》，1990 年 4 月，頁 23-24；〈獅子會自然教育中心奠基典禮〉，《港澳獅聲》，1991 年 4 月，頁 22-23。

58 〈獅子會自然科學戶外教育中心〉，《港澳獅聲》，1990 年 2 月，頁 24-26；〈獅子會自然教育基金〉，《港澳獅聲》，1993 年 1 月，頁 76-79。

自然資源，包括各類花卉樹木及具歷史價值地點或鄉土文物；
其二、保護、發展及加強上述資源作為自然教育及為公眾帶來
樂趣；其三、為郊區教育提供設施、服務及戶外康樂活動。[59]
成立初期，中心設有三個面積合共 800 平方米的室內展覽館
和多個戶外展覽場地，包括：[60]

- 農館：展示 1950 年代水稻耕作及畜牧業的發展、當
  年的耕作方法和本地農業對香港糧食供應的貢獻，以
  及新式農業技術；

- 漁館：介紹本地漁業及漁業研究的發展，展出各種魚
  類和特別水棲生物的資料；

- 郊野館：介紹樹木、林木、野生動物保護，害蟲種類
  及自然資源。

室外展覽則有標本林、柑橘園、美果園、礦石角、中草藥
園和農作物種植區。[61]

其後，獅子會自然教育基金持續支援自然教育中心的營運
及發展，進一步突顯香港的多元生態系統及充裕的自然資源，
以實踐利用中心推廣自然教育的目標。基金成員定期與漁農

---

59 〈獅子會自然科學戶外教育中心〉，《港澳獅聲》，1990 年 2 月，頁 24-26。

60 〈獅子會自然教育基金〉，《港澳獅聲》，1993 年 1 月，頁 76-79；〈獅子會自然教育
   中心〉，《港澳獅聲》，1994 年 1 月，頁 58-64。

61 〈獅子會自然教育基金〉，《港澳獅聲》，1993 年 1 月，頁 76-79；〈獅子會教育中
   心地圖〉，漁農自然護理署，https://www.afcd.gov.hk/tc_chi/country/cou_lea/cou_
   lea_ven/lions.html，瀏覽於 2021 年 3 月 31 日。

處召開會議，商量並研究改善設備及增加設施等事項；1997年開幕的貝殼館正是基金持續努力下的成果。[62] 其實早於 1994年，基金已經設立工作小組與香港蜆殼有限公司聯絡，商議在自然教育中心建立全東南亞首間貝殼展覽館。[63] 整個建設項目預計需要 300 萬港元，其中半數開支由基金聯同三〇三區向獅友募集。[64] 此外，中心亦培訓一班獅子會屬會成員成為導賞員，每逢星期天分派到自然教育中心當值，協助參觀者使用設施。[65]

隨著中心的開幕，獅子會自然教育基金與自然教育中心漸步建立起長期合作的關係。其後基金逐漸把工作重心由強調本地自然教育轉移到放眼海外，主動參與國際層面的相關工作。其中最重要的發展里程是協助香港地質公園申請成為世界地質公園。[66]

2009 年，香港地質公園成為中國國家地質公園的成員，並在兩年後成功獲納入為世界地質公園網絡，正式成為世界地質公園。香港地質公園順利通過往後的持續評估，不但保持世界地質公園的認證，更於 2015 年更名為「香港聯合國教科文

---

62 口述歷史訪問，譚鳳枝女士、范佐浩先生、文錦歡女士、梁家昌先生、陳敬德先生，2020 年 9 月 7 日。

63 〈貝殼館〉，《港澳獅聲》，1994 年 6 月，頁 40。

64 〈獅子會貝殼館籌款運動〉，《港澳獅聲》，1995 年 7 月，頁 50。

65 口述歷史訪問，譚鳳枝女士、范佐浩先生、文錦歡女士、梁家昌先生、陳敬德先生，2020 年 9 月 7 日。

66 同上。

組織世界地質公園」。從申請提名到延續認證，獅子會自然教育基金一直投放大量時間在各項遊說及解釋工作上，例如與聯合國教科文組織的獨立成員暨漁農自然護理署專家楊家明博士合作；協調認證所需的工作；解釋基金會的運作，以加深聯合國教科文組織對香港地質公園的認識。最後，基金也出席了認證會議，解答來自聯合國專家的提問。[67]

另一方面，其他持份者對地質公園的支持及對環保工作的積極參與，也是決定能否延續香港世界地質公園認證的重要因素。[68] 就此，基金分別於自然教育中心和西貢海濱公園設立香港地質公園遊客中心和火山故事館，以提升參觀者對香港岩石及地質的認識和興趣，並促進他們對相關的自然資源的保育意識。遊客中心展出從世界各地古老岩石、微型地質模型、岩漿流動演示等；火山故事館則展出全球和香港的六角形岩柱，及其形成過程、火山學的基本知識，以及來自世界不同地方的火山岩石標本。[69] 此外，基金每年撥款資助本地學生到四川及日本等地交流，在漁護署專家帶領下，培育及強化學生的環保意

---

67 同上。

68 〈香港聯合國教科文組織世界地質公園〉，《香港聯合國教科文組織世界地質公園》，https://www.geopark.gov.hk/b5_s1g.htm，瀏覽於 2021 年 3 月 31 日。

69 〈地質公園遊客中心〉，《香港聯合國教科文組織世界地質公園》，https://www.geopark.gov.hk/b5_s2d.htm，瀏覽於 2021 年 3 月 31 日；〈西貢火山探知館〉，《香港聯合國教科文組織世界地質公園》，https://www.geopark.gov.hk/b5_s2d2.htm，瀏覽於 2021 年 3 月 31 日。

識。[70] 基金成員亦自費到其他國家的地質公園探訪和交流，一方面學習當地的管理及保育經驗，另一方面推廣香港地質公園。[71] 經歷長期的環境保育和自然教育，以及推動世界地質公園的工作，基金近年得到聯合國教科文組織的認可，成為全球首個以基金會為單位的合作夥伴。[72] 有別於一般官方主導的地質公園，基金發展出一套嶄新的發展模式——非官方組織與政府共同合作，引起多個國家及地區的關注，甚至展開研究作為效法的對象。[73]

除了推動自然教育及其他環保工作，獅子會自然教育基金秉承三〇三區的服務精神，透過獅子會自然教育中心幫助殘障人士等弱勢社群，推動傷健共融。自然教育中心與香港聾人福利促進會自 1993 年起合作，在園內開設一所別具意義的餐廳——聰鳴茶座，安排失聰人士為參觀者提供餐飲服務。「聰鳴」是指失聰人士利用剩餘的聽覺能力，經後天的語言訓練，可以用說話與常人溝通。[74] 茶座的營運模式與快餐店相似，顧客在預先印製好的餐單上選出各項食物，並向員工下單及付錢，即可以在園內享用美食。[75] 營運初期，茶座平日有 4 名失

70　口述歷史訪問，譚鳳枝女士、范佐浩先生、文錦歡女士、梁家昌先生、陳敬德先生，2020 年 9 月 7 日。

71　同上。

72　同上。

73　同上。

74　〈獅子會自然教育中心之聰鳴茶座〉，《港澳獅聲》，1997 年 7 月，頁 28。

75　〈聰鳴茶座〉，《港澳獅聲》，1995 年 7 月，頁 48-49。

聰員工和兩名健聽員工；週末會增加人手以應付較高的入場人次。[76]同時，茶座會為失聰員工提供廚藝及飲食行業服務訓練，以提升他們的服務質素。福利促進會認為該項目能夠為失聰人士創造就業機會及提供在職培訓，不單令他們可以自力更生，更能展現與正常人一樣的工作能力，融入社會。[77]此外，福利促進會深信，通過製造更多接觸及溝通機會，有助消除社會大眾對失聰人士的成見及彼此間的隔閡。[78]事實上，這次成功合作經驗全賴獅子會自然教育基金的熱心支援，不單贊助福利促進會 140 萬港元作樓宇改建用途，更免除日常租金，只收取象徵式收費，大大降低了營運成本，實屬難得。[79]

圖 3.15　1995 年 6 月 25 日聰鳴茶座開幕禮（獅子會自然教育基金提供）

76　同上。

77　〈獅子會自然教育中心之聰鳴茶座〉，《港澳獅聲》，1997 年 7-8 月，頁 28。

78　〈聰鳴茶座〉，《港澳獅聲》，1995 年 7-8 月，頁 48-49。

79　〈獅子會自然教育中心善長芳名牌匾揭幕暨聰鳴茶座奠基典禮〉，《港澳獅聲》，1993 年 7-8 月，頁 32-33；〈聰鳴茶座〉，《港澳獅聲》，1995 年 7-8 月，頁 48-49。

圖 3.16　學生參觀中心內的地質公園遊客中心（獅子會自然教育基金提供）

圖 3.17　2018 年，基金董事到意大利的地質公園探訪交流。（獅子會自然教育基金提供）

圖 3.18　團體參觀獅子會自然教育中心（獅子會自然教育基金提供）

圖 3.19　2019 年，基金董事到中國五大連池地質
公園探訪交流。（獅子會自然教育基金提供）

圖 3.20　貝殼館（獅子會自然教育基金提供）

圖 3.21　2018 年，香港聯會國教科文組織世界地質公園理事會成員與獅子會自
然教育基金參加世界地質公園年會。（獅子會自然教育基金提供）

獅子會教育基金

　　1993 年，三〇三區創立聯屬團體獅子會教育基金，貫徹獅子會「我們服務」的精神，積極為社會公眾拓展教育範疇[80]；基金向教育署申辦一所政府津貼職業先修中學及一所津貼小學，以實踐辦學理念——尊重、誠實、關心、關愛、關懷、有思想、有行動、負責任、以及追求卓越。[81]

獅子會中學

　　獅子會中學的前身為獅子會職業先修中學。[82] 職業先修教育，是為了適應新時代、新工業及新社會而建立的教育制度。隨著香港兩所理工學院——香港城市理工學院及香港理工學院，開辦不同類型的學士學位及非學位的課程[83]，香港科技大學的籌建[84]，以及職業學制的改變，學生可選擇在工業中學或職業先修學校完成中學階段，繼續升讀大專，日後成為工商業的專業。隨著香港社會經濟不斷發展，對技工及技術人員的需求日益增加，職業先修教育為學員建立鞏固的普通教育基礎及

80　〈創辦獅子會職業先修中學〉，《港澳獅聲》，1993 年 5 月，頁 26-27。
81　口述歷史訪問，崔志仁先生、何麗貞女士、郭銳涵先生、簡有山先生、葉鳳琴女士、林日豐先生、陳慧萍女士，2020 年 9 月 17 日。
82　〈獅子會中學訊息〉，《港澳獅聲》，1998 年 7-8 月，頁 28。
83　〈兩間理工學院 聯合招收新生 至本月十八日截止〉，《華僑日報》，1991 年 5 月 5 日。
84　〈香港科技大學校董十六成員正式委任〉，《華僑日報》，1988 年 4 月 12 日。

技能運用，奠定將來專業訓練的根基，為本地工商業發展提供人力資源。[85]

1992 年，獅子會教育基金向教育署申辦一所由政府津貼的職業先修學校，選址新界葵盛圍，佔地 6,150 平方米（約 66,220 平方呎）。學校的創校宗旨是以有教無類的完人教育觀念為主，而辦學的基本義務則是培育任何品質的學生，育之以學問、道德、良好性格，輔之以技術謀生本能，提高學生質素；更以獅子會的工商專業資源，提供不同類型的實習場地，輔之以本地或海外獎學金深造。為配合香港經濟轉型，以及因應市場需求，獅子會職業先修學校為學員提供文法中學的中文、英文、數學、理科等基礎科目，同時讓他們修讀商科及電腦認知，副修酒店與飲食服務或電子與電學，以取代不合時宜的工業科目，如航海、紡織、汽車維修等；更鼓勵學員參與青年獅子會、童軍、紅十字會等服務團體。[86]

1990 年代，香港社會的經濟再度轉型，工業漸趨式微，取而代之的是金融業及服務業迅速發展，惟職業先修教育未能配合社會發展，為年青學員訓練的技能亦不合時宜，與市場勞動力實不相符。有見及此，教育署推行改革工業中學和職業先修中學的課程規劃[87]，以電子設計、科技、繪圖、新工藝課程

---

85 〈創辦獅子會職業先修中學〉，《港澳獅聲》，1993 年 5 月，頁 26。

86 〈有教無類的完人教育！〉，《港澳獅聲》，1995 年 11-12 月，頁 61；〈獅子會職業先修中學〉，《港澳獅聲》，1996 年 5-6 月，頁 44-45。

87 《職業先修及工業中學教育檢討報告書》（香港：教育署，1997）。

取代勞動的科目，並允許工業中學和職業先修學校向教育署申請成為文法學校；1999 年，獅子會職業先修中學易名為獅子會中學。[88]

為了辦好文法中學，並且擴大學生的國際視野，獅子會中學在易名後的第二年贊助學生參與海外交流團，為學生提供到世界各地交流的機會。2000 年，德國漢諾威及三〇三區主辦世博二千青年接待計劃，獅子會中學派出學生到訪德國參觀和交流，歷時三星期[89]；2001 年，國際獅子會長穆晃到訪獅子會中學參觀和交流[90]；2002 年，在特區政府聯絡辦公室及華中科技大學的協助下，學生參與湖北省「長江三峽工程效益考察交流團」[91]；2009 年，學生前往丹麥與獅子會青年交流，為期四星期[92]；2010 年，學生前往開平碉樓考察[93]；2018 年，獅子會教育基金為三位同學提供資助，參與獅子會國際青年交流營的英語沉浸式學習課程，遊歷法國、瑞士、芬蘭及澳洲。[94]

在獅子會教育基金的推動下，獅子會中學成功協助基層學生，解決經濟困難和學習需要，培養服務社會的人才。自

88　口述歷史訪問，崔志仁先生、何麗貞女士、郭銳涵先生、簡有山先生、葉鳳琴女士、林日豐先生、陳慧萍女士，2020 年 9 月 17 日。

89　〈獅子會中學〉，《港澳獅聲》，2001 年 1-2 月，頁 30。

90　〈國際獅子總會會長到訪 教育：獅子會中學〉，《港澳獅聲》，2002 年 3-4 月，頁 19。

91　〈獅子會中學〉，《港澳獅聲》，2002 年 11-12 月，頁 29。

92　〈獅子會中學〉，《港澳獅聲》，2009 年 9-10 月，頁 26。

93　〈獅子會中學〉，《港澳獅聲》，2010 年 3-4 月，頁 36。

94　〈獅子會中學境外英語文化交流營〉，《港澳獅聲》，2018 年 7-8 月，頁 28。

圖 3.22　1996 年興建中的獅子會職業先修
中學（獅子會中學提供）

圖 3.23　校董巡視學校興建情況（獅子會中學提供）

2001 年舉辦第一屆畢業禮起，每年均為畢業生提供獎學金。[95]
2017 年，獅子會中學學生不但贏得「4C 傑出青年義工領袖
獎」，更勇奪「國際資優解難大賽」銅獎。[96] 2019 年，心獅電
視台於獅子會中學啟播[97]，迎接 2020 年獅子會中學邁向銀禧。

95 〈獅子會中學新聞〉，《港澳獅聲》，2017 年 5-6 月，頁 22。

96 〈獅子會中學新聞〉，《港澳獅聲》，2018 年 1-2 月，頁 28-29。

97 〈獅子會中學 2018-2019 年度第十九屆畢業禮、獎助學金頒獎禮暨心獅電視台啟播
　　禮〉，《港澳獅聲》，2019 年 5-6 月，頁 24-25。

圖 3.24 1997 年獅子會職業先修中學第一屆結業禮（獅子會中學提供）

圖 3.25 2003/04 年度時任上屆國際總會長福島 IPIP Kay K Fukushima 到訪獅子會中學（獅子會中學提供）

圖 3.26 中六夢想啟航活動（獅子會中學提供）

獅子會何德心小學

1998 年，獅子會教育基金向教育署申辦一所小學，由何德心捐款 250 萬港元贊助，選址天水圍第四期第三區天盛苑。1990 年代初，教育署的長遠教育計劃銳意將全港小學轉為全日制[98]，獅子會教育基金興辦小學是回應教育署對全日制小學需求的增加。

1999 年 9 月，獅子會何德心小學正式啟用。首年，小學參與暢言教育基金主辦的「學校英語發展計劃」，為提昇學生學習英文的成效，聘請外籍英語助教；2004 年，推行腦基礎教學，鼓勵「高層次思維」、資優教育[99]；小學培養不少科技教育和數學精英，例如 2016 年，小學參與無線電視有限公司主辦的「STEM 小學校際比賽」[100]；2017 年，一位小學畢業生更在印尼第四十八屆國際物理奧林匹克和俄羅斯國際大都會奧林匹克贏得金牌，獲香港科技大學拔尖升讀國際科研學系。[101]

課外活動方面，校內的躲避盤隊伍於 2018 年代表香港參加台灣全國賽及亞洲盃[102]、日本名古屋舉辦的愛知縣躲避盤大

98 〈教育署計劃推行小學全日制 預期下世紀初可全面實施〉，《華僑日報》，1990 年 11 月 7 日。

99 〈獅子會何德心小學〉，《港澳獅聲》，2007 年 9-10 月，頁 16-17。

100 〈獅子會何德心小學新聞〉，《港澳獅聲》，2007 年 11-12 月，頁 17。

101 〈獅子會何德心小學新聞〉，《港澳獅聲》，2007 年 9-10 月，頁 17。

102 〈獅子會何德心小學 躲避盤屢創佳績〉，《港澳獅聲》，2018 年 3-4 月，頁 30-31。

賽等 [103]，2019 年更加獲得亞洲躲避盤錦標賽 U13 組別冠軍、台灣扶輪盃冠軍。[104]

頻密的對外交流是小學的特點之一。在香港中文大學的安排下，何德心小學派老師出席澳門中葡小學教師專業發展日 [105]；2005 年則有 39 名小學五年級的學生參加東莞市北京師範大學翰林實驗學校文化交流團 [106]；2007 年，小學開始「粵港姐妹學校締結計劃」。[107]

為秉承獅子會服務社會的精神，何德心小學於 2000 年開始鼓勵學生參與社會服務，成立公益少年團，並參與社區服務「嘉湖山莊嘉年華 2000」，更在校內舉行育苗行動講座和展覽。[108] 2008 年參與「環保之星服務計劃」，獲得全港中小學環保成就優異獎。[109]

此外，獅子會教育基金持續資助小學的發展，包括送贈中型校車，讓居住元朗區的學童能夠運用安全和價格低廉的校車服務；2020 年在新冠肺炎疫情下送贈口罩和網上授課所需的平板電腦給學生。

103〈獅子會何德心小學 躲避盤校隊揚威日本再創佳績〉，《港澳獅聲》，2018 年 11-12 月，頁 20-21。

104〈獅子會何德心小學 躲避盤校隊屢獲殊榮〉，《港澳獅聲》，2019 年 5-6 月，頁 24-25。

105〈教育：獅子會何德心小學〉，《港澳獅聲》，2002 年 5-6 月，頁 19。

106〈教育：獅子會中學、獅子會何德心小學〉，《港澳獅聲》，2006 年 3-4 月，頁 20-21。

107〈獅子會何德心小學〉，《港澳獅聲》，2008 年 5-6 月，頁 21。

108〈獅子會何德心小學〉，《港澳獅聲》，2000 年 5-6 月，頁 28-29。

109〈獅子會何德心小學〉，《港澳獅聲》，2008 年 11-12 月，頁 19。

圖 3.27　2019 年，獅子會何德心小學二十周年校慶典禮。（獅子會何德心小學提供）

圖 3.28　何德心小學舉辦 STEM 創科發明大賽，優勝學生獲贊助參加考察團，遠赴英國出席全球最大型教育科技展覽——BETT SHOW。（獅子會何德心小學提供）

港澳青獅基金

　　為了協助青獅成為三〇三區獅友，港澳青獅基金於 2002
年成立。目前，三〇三區約有 1,028 位青獅，隸屬 51 個青年
獅子會。多年來青獅一直致力籌辦及推廣多項服務，貢獻社
會。可是，每當青獅年屆 28 歲便要離開青獅行列，其後繼續
成為三〇三區獅友寥寥可數，造成青獅流失。對青獅而言，經
濟負擔是其中一個顧慮，部份更不諱言，他們難以維持繳付年
度會費約 12,000 至 14,000 港元。[110] 解決這問題的唯一辦法是
以實質的助力支持青獅到了 28 歲之後轉為區會獅友。

　　2002 年 12 月，時任總監文錦歡創辦港澳青獅基金，邀請
前國際理事李國賢、前國際理事范佐浩及前國際總會會長譚榮
根等為創辦人。基金成立的目標有三：其一、鼓勵青獅在達
到 28 歲年齡上限（近年改為 30 歲），轉為區會會員，藉以增

110《港澳獅子會服務六十週年紀念特刊》，頁 372；〈港澳青獅基金〉，國際獅子總會中
　　國港澳三〇三區，https://www.lionsclubs.org.hk/tc/page/name/hk_and_macau_
　　leo_foundation，瀏覽於 2021 年 3 月 31 日。

加會員數目；其二、向有志繼續投身社區服務及慈善工作的青獅，提供經濟支持及／或會費補助；其三、在社區內提升獅子會的形象，擴闊工作範疇，弘揚「我們服務」的精神。[111]

　　成立以來，基金成為青獅與獅友之間的橋樑，協助青獅成為獅友，繼續服務社會。目前約有 50 名青獅受惠。

圖 3.29　港澳青獅基金常務會董會議，每次會議主席都會邀請青獅或獅友作分享。（港澳青獅基金提供）

圖 3.30　港澳青獅基金主席及副主席一同出席青獅區務會議介紹港澳青獅基金，基金多年來資助超過 50 位青獅加入獅子會大家庭。（港澳青獅基金提供）

111 同上。

圖 3.31　前國際理事文錦歡是港澳青獅基金的創辦人，她於 2002 年創立港澳青獅基金，亦經常為國際獅子總會及東南亞憲章區擔任分享嘉賓，介紹成立三〇三區港澳青獅基金的宗旨和推廣 Leo-Lion program。（港澳青獅基金提供）

獅子會青年交流基金

　　自 1960 年代起，國際獅子總會一直致力推行「青少年交流營計劃」，目的是讓青少年透過旅遊體驗海外文化，同時與

世界各國的人分享自身文化。[112] 在全球獅子會一呼百應並緊密協調之下，參與計劃的青少年可以選擇到獅子會在主要國家或地區舉辦的交流營展開文化交流和體驗。由 2000 年開始，三〇三區將青少交流營計劃納入為長期青年服務項目之一，公開招募全港青少年參與。獅子會青年交流基金自 2005 年起便負起協助是項計劃，為每屆主席及其團隊之具體運作，持續服務至今。[113]

為了從香港及澳門挑選及贊助年齡由 16 至 19 歲的青少年參與計劃，獅子會青年交流基金建立了一套嚴謹而公平的遴選機制。透過每年舉辦的英文徵文比賽，協助參賽及贊助前十名的得獎學生參加獅子會在海外的交流營。[114] 交流計劃為期約四至六個星期，主要包含兩個部份：其一、與接待家庭一同生活，親身體會地道文化；其二、入住交流營與數十名來自不同國家的青少年參與各類活動，促進文化交流。[115] 同時，該交流計劃採取雙向運作模式；當三〇三區派出本地青少年到境外國家或地區探訪，區會同樣須要從境外區會或分會接收數目相若的海外青年人，並為他們提供同類的文化體驗項目，包括了解

112〈青少年營及交流計劃〉，國際獅子總會，https://www.lionsclubs.org/zh-hant/start-our-approach/youth/youth-camps-and-exchange，瀏覽於 2021 年 3 月 31 日。
113 口述歷史訪問，溫慧雯女士、黃鎮南先生、金冠忠先生，2020 年 9 月 30 日。
114 同上。
115〈青少年營及交流計劃〉，國際獅子總會，https://www.lionsclubs.org/zh-hant/start-our-approach/youth/youth-camps-and-exchange，瀏覽於 2021 年 3 月 31 日。

香港、澳門及中國一些城市的歷史、地標、風土人情等極具本土特色的活動，例如龍舟、舞龍、功夫等。[116]

　　整項青年交流計劃由籌備到舉行都貫徹獅子會的助人服務精神。首先，該計劃團結一眾會員，不惜出心、出錢、出力、出時間，讓參與計劃的本地及海外年青人得以互相交流，建立國際友誼及增廣見聞。他們不單四出尋找贊助，部份更擔任「接待家庭」，為海外青年提供安全的短暫住宿及家庭照顧，令交流生深入了解香港人的生活及文化。[117] 其次，青年交流營的活動亦包括有意義的社會服務，例如安排海外青年人到訪慈善機構及受眾、老人中心，甚至中國內地的殘障人士中心等，為有需要的人提供協助及關愛。[118] 再者，該交流計劃亦有助培養青獅，為三〇三區的長遠發展而孕育更多人才。在籌備的過程中，透過給予青獅實習及參與的機會，他們藉此接觸到不同文化背景的人，並且學習如何組織活動等事宜；會員亦期望計劃能夠強化青獅服務精神，使他們日後持續發揮相關技能及經驗，服務三〇三區及香港社會。[119]

---

116 口述歷史訪問，溫慧雯女士、黃鎮南先生、金冠忠先生，2020 年 9 月 30 日。

117 同上。

118 同上。

119 同上。

圖 3.32　2013/14 年度參與計劃的青年到訪北京萬里長城（獅子會青年交流基金提供）

圖 3.33　2018/19 年度交流營開幕典禮，承蒙前國際會長譚榮根博士撥冗出席。（獅子會青年交流基金提供）

圖 3.34　參與計劃的青年到訪澳門（獅子會青年交流基金提供）

獅子會音樂基金

　　獅子會音樂基金由三〇三區與音樂巨匠顧嘉煇先生於
2006 年共同成立。有「樂壇教父」之稱的顧嘉煇見證香港音
樂界的興衰，眼見人才凋零，難以找到接班人，深感可惜。[120]
顧先生的看法得到三〇三區的認同，雙方一拍即合，期望以音
樂基金為本地培育更多優秀音樂人才。[121] 基金成立初年，顧先
生親力親為，協助基金籌集資金。同年，適逢三〇三區成立

120〈獅子會音樂基金〉，《港澳獅聲》，2010 年 1-2 月，頁 30。
121 同上。

50 週年和顧嘉煇先生入行 50 週年，在三〇三區贊助下，顧先生舉辦「獅子會情牽半世紀演唱會」，邀請了多位著名巨星獻唱。[122] 是次慈善演唱為基金籌得超過 100 萬港元，並在雙方共識下將原先的基金發展成「獅子會與顧嘉煇音樂基金」。[123] 2007 年，顧先生舉行「顧氏三姐弟畫展」，聯同名畫家胞姊顧媚及胞弟顧嘉鏘，再度為基金會籌得接近 100 萬港元。[124] 後來，在獲得政府認可為慈善基金之後，音樂基金再度改名為「獅子會音樂基金慈善有限公司」，三〇三區繼續負責往後的籌款活動。[125]

直至 2015 年為止，基金頒發了 45 次獎學金及海外交流學者計劃，包括資助香港演藝學院音樂系學生到台灣及韓國多間大學舉辦學術交流活動，以及贊助香港學生遠赴德國參與 Asian Pacific Week 和上海的 Contemporary Music Week 演奏自己的作品。[126] 成立以來，受惠學生近 100 人。[127] 此外，音樂基金亦捐贈 40 萬港元予三〇三區轄下的獅子會何德心小學和獅子會中學，培養及促進學生對音樂的興趣。[128]

122《港澳獅子會服務六十週年紀念特刊》，頁 373。
123 同上。
124 同上。
125〈獅子會音樂基金〉，《港澳獅聲》，2010 年 1-2 月，頁 30；《港澳獅子會服務六十週年紀念特刊》，頁 373。
126《港澳獅子會服務六十週年紀念特刊》，頁 373。
127 同上。
128 同上。

圖 3.35 2005 年舉行「群獅金禧情牽半世紀」演唱會記者招待會（獅子會音樂基金提供）

圖 3.36 2005 年舉行「群獅金禧情牽半世紀」演唱會為成立獅子會音樂基金籌款，並舉行宣傳音樂會的記者招待會。（獅子會音樂基金提供）

圖 3.37 獅子會音樂基金於 2018 年舉行籌款晚會，為基金籌募經費。（獅子會音樂基金提供）

獅子會浸會大學中醫藥慈善基金

獅子會與香港浸會大學中醫藥慈善基金

Lions & HKBU Chinese Medicine Charity Foundation

2007 年，三〇三區與香港浸會大學中醫藥學院共同創辦獅子會浸會大學中醫藥慈善基金，為香港普羅市民和長者提供高質而低廉的中醫醫療服務。自成立以來，基金一直推行「長者愛心診証卡計劃」，年滿 65 歲的香港永久居民，家境清貧及長期病患者均可申請。[129] 獲批核的申請者將會得到「長者診証卡」及十張面值總額相等於 1,000 港元的中醫藥現金優惠券。[130] 在基金資助下，每位持卡人可到全港各間浸會大學中醫診以低廉格價享用門診服務。[131] 此計劃正視社會上長期缺乏對貧困長者的中醫醫療支援，不單使他們得到適切治療，更改善他們的生活素質。至 2019 年，基金全年為接近 3,000 人次提供中醫臨床服務。[132] 除了資助門診服務，基金亦定期舉辦中醫

---

129 同上，頁 374-375。

130 同上。

131 同上。

132〈獅子會與浸會大學中醫慈善基金有限公司 2018-2019 年結報告〉，《港澳獅聲》，2019 年 11-12 月，頁 18。

健康講座，教導長者從體質及湯水方面調理身體，以達致養生防病之效。[133]

在面對廣泛的疾病威脅下，基金依然致力關注並改善貧困長者的健康狀況。2020 年初，新型冠狀病毒襲港，來勢洶洶，市民為了抗疫都紛紛搶購物資，頓時使各種醫療物資陷入短缺。對於貧困長者而言，他們既沒有足夠體力應付長時間排隊，亦沒有足夠金錢購買高昂的醫療物資，在疫情下成為其中最易受染病的一群。在三〇三區協助下，基金獲分配 5,000 個外科口罩，連同 3,000 劑流感防疫藥，於各間浸會大學中醫診所向長者派發。[134]

圖 3.38　2007 年，長者愛心診症卡發卡日慶典（獅子會浸會大學中醫藥慈善基金提供）

133〈長者愛心診症卡派發及分清體質、養生防病講座〉，《港澳獅聲》，2019 年 3-4 月，頁 21。

134〈獅子會浸會大學中醫慈善基金派發口罩給年長病患者〉，《港澳獅聲》，2020 年 1-2 月，頁 24。

圖 3.39　2016 年慈善基金十周年愛心診症日新聞發佈會（獅子會浸會大學中醫藥慈善基金提供）

圖 3.40　2018 年，慈善基金與香港中華基督教青年會合辦「長者愛心診症咭派發日」，在該會綜合體育館向逾 280 位長者派發愛心診症咭。（獅子會浸會大學中醫藥慈善基金提供）

國際獅子會骨質疏鬆教育及研究基金

　　2008 年，國際獅子會骨質疏鬆教育及研究基金成立，旨在提高公眾對骨質疏鬆症的認識。隨著年齡增長，人體骨質會逐漸流失，令骨質密度下降，造成骨質疏鬆。[135] 這個疾病沒有任何特別明顯病徵，故又稱為「無聲的疾病」。可是，骨質疏鬆症所伴隨的後遺症卻不容忽視。患者一旦不慎跌倒，就很容易導致嚴重骨折，繼而出現行動不便、脊椎彎曲、脊椎變形等問題；[136] 其中尤以髖骨骨折所引致的併發症最為嚴重。[137] 隨著香港人口不斷老化，香港市民髖骨骨折率在過去 30 年間大幅增加三倍；其中一年整體死亡率更達 20%。很多病患長者亦不幸因髖骨骨折而變成永久傷殘，失去獨立生活的能力。[138]

135《港澳獅子會服務六十週年紀念特刊》，頁 376。

136 同上。

137 同上。

138 同上。

按資料顯示，香港約有超過 30 萬名女性患有骨質疏鬆症，而更年期後的婦女患病的比例較高，大約有五成之多。[139] 在缺乏適當治療的情況下，50 歲以上的人口中，將有三分之一女性及五分之一男性，出現最少一次因骨質疏鬆而引致骨折的情況。[140] 有見及此，國際獅子會骨質疏鬆教育及研究基金一直致力與香港骨質疏鬆基金會合辦健康講座及提供骨質密度檢查，向公眾傳達更多相關知識，包括預防及治療方法，並協助患者及早診斷出症狀使病情盡早受控。[141]

圖 3.41　講座後聽眾查訊（國際獅子會骨質疏鬆教育及研究基金提供）

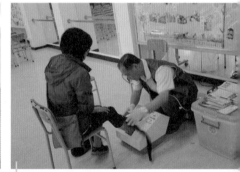

圖 3.42　獅友為家長作骨質密度檢測（國際獅子會骨質疏鬆教育及研究基金提供）

---

139 同上。
140 同上。
141 同上，頁 377。

獅子會禁毒基金

　　自 1970 年代起，「禁毒」一直是三〇三區的長期工作項目之一。三〇三區曾創辦志願戒毒康復者就業輔導會和青年拓展及禁毒警覺委員會，分別為成功戒毒的人士提供就業及金錢援助，並舉辦各種活動來宣揚毒品禍害及禁毒訊息。[142] 秉承長年的禁毒目標，獅子會禁毒基金於 2009 年組建獅子會禁毒先鋒隊，重點關注青少年吸毒及校園毒品問題。[143] 該計劃在多間中學設立「禁毒先鋒」制服團體並招募學生加入「抗毒大軍」，並以「校隊」形式向他們推廣禁毒宣傳及教育工作。[144]「禁毒先鋒隊」以其英文隊名 Lions Anti-drug Cadets 中的四個首字母—ＬＡＤＣ為基礎發展出多種正面核心價值，培育中學

142〈志願戒毒康復就業輔導〉，《港澳獅聲》，1976 年 11 月，頁 17；〈知多一點點〉，《港澳獅聲》，2002 年 3-4 月，頁 22。

143〈獅子會禁毒基金〉，國際獅子總會中國港澳三〇三區，https://www.lionsclubs.org.hk/tc/page/name/lions_anti_drug_foundation，瀏覽於 2021 年 3 月 31 日。

144《港澳獅子會服務六十週年紀念特刊》，頁 378。

生隊員具備領導才能（Leadership）、志氣（Ambition）、奉獻（Dedication）及自信（Confidence），從而建立正確人生態度，遠離毒品。[145] 2012 年 9 月，禁毒先鋒隊的「榮譽衛隊」舉行首次步槍操練，彰顯「守衛正義、守衛誠信、守衛隊伍、守衛榮譽」的崇高的使命和價值觀。[146] 自始之後，榮譽衛隊的旗幟經常在獅子會及社區活動中出現，以凸顯其參與公益服務的積極性。[147]

另一方面，先鋒隊一直致力向社會各個層面宣揚禁毒訊息。先鋒隊曾多次舉辦全港性大型禁毒運動，以嘉年華、MV 設計比賽及舞蹈比賽的形式推廣禁毒訊息，並為防範青少年吸毒的教育及宣傳工作出力。[148] 先鋒隊亦成立「區隊」來鼓勵更多社會人士參與他們的禁毒公益活動，藉此擴大自身在社區服務的功能，加強組織發展和團隊建設。[149] 由於禁毒是一項無分國界的國際性工作，先鋒隊重視與鄰近地區的執法及禁毒機構之間的聯繫和合作。先鋒隊曾經組織外訪團，帶領隊員參觀位於珠海、廣州、福州及澳門等地的禁毒機構及歷史遺跡和觀察當地的禁毒教育和志願禁毒工作。[150] 此類型活動不單使隊員增廣見聞，更促進中港澳三地禁毒工作經驗交流。

145〈獅子會禁毒基金〉，國際獅子總會中國港澳三〇三區，https://www.lionsclubs.org.hk/tc/page/name/lions_anti_drug_foundation，瀏覽於 2021 年 3 月 31 日。
146《港澳獅子會服務六十週年紀念特刊》，頁 378。
147 同上。
148 同上。
149 同上。
150 同上，頁 379。

圖 3.43　2019 年 4 月，禁毒先鋒隊赴福州禁毒考察交流，於林則徐紀念館門前合照。（獅子會禁毒基金提供）

圖 3.44　2019 年聖誕節，禁毒先鋒隊赴澳門聯合舉辦林則徐禁毒文化節活動。（獅子會禁毒基金提供）

圖 3.45　禁毒先鋒隊經常到學校舉辦禁毒教育講座活動（獅子會禁毒基金提供）

獅子會港澳青少年輔導基金

　　獅子會港澳青少年輔導基金於 2012 年成立，一直推行
「課後留校輔導」計劃，為低收入家庭的小學生提供課後功課
輔導服務。[151] 計劃目標在指導學童學業和功課上的難題，以及
解決一些因家長外出工作而無法分身照顧小孩所衍生的問題，
例如家庭意外及浪蕩街頭而誤交損友，誤入歧途等。[152] 該計劃
為導師提供訓練溝通技巧及自信心的機會，為他們在畢業後投
身社會工作做好準備。[153] 另外，在孩子得到妥善看管及學業支
援之下，家長能夠安心外出工作，增加家庭收入以改善生活困
境。[154] 因此，參與計劃的學童、導師及家長都同樣得益。

　　在 2018/19 年度輔導計劃中，總共得到 150 名來自香港理
工大學專業及持續進修教育學院及保良局何鴻燊社區學院的導

---

151 〈獅子會港澳青少年輔導基金〉，《港澳獅子會服務六十週年紀念特刊》，頁 380。
152 〈獅子會港澳青少年輔導基金課後留校輔導計劃〉，《港澳獅聲》，2018 年 11-12 月，
　　頁 25。
153 〈獅子會港澳青少年輔導基金〉，《港澳獅子會服務六十週年紀念特刊》，頁 380。
154 同上。

圖 3.46　2014/15 年度留校輔導計劃（獅子會港澳青少年輔導基金提供）

圖 3.47　2014 年，時任勞工及福利局局長張建宗與留校輔導計劃之受惠學生及家長
會面。（獅子會港澳青少年輔導基金提供）

師熱心參與及支援，使 120 名有家庭經濟困難的小學生得以受惠 [155]。歷年來總共為來自獅子會何德心小學、東莞工商總會張煌偉小學、保良局金銀業貿易場張凝文學校、香港四邑商工總會新會商會學校等七家小學，合共 482 位有經濟困難的學生提供功課輔導服務；在 537 位導師的通力協助下，功課輔導服務總時數突破 15,300 小時。[156] 此計劃不單得到參與學校的校長、老師及家長的認同，更令導師與學生們建立良好關係並成功提高他們的學業成績及水平，就支援基層兒童方面意義重大。[157]

155〈獅子會港澳青少年輔導基金課後留校輔導計劃〉，《港澳獅聲》，2018 年 11-12 月，頁 25。

156〈獅子會港澳青少年輔導基金〉，《港澳獅子會服務六十週年紀念特刊》，頁 380。

157〈獅子會港澳青少年輔導基金課後留校輔導計劃〉，《港澳獅聲》，2018 年 11-12 月，頁 25。

3.2 區會地標建設項目

自成立以來，三〇三區在香港及澳門開展了不同類型的地標建設項目，以拓展教育、青少年、醫務衛生、聽覺保護、康體設施、賑災建設、美化城市等服務範疇。

教育服務

三〇三區除了資助本地學校的擴建工程及增添設備，也關注特殊學習需要的兒童，後來更捐款重建中國境內的學校，為內地學童提供教育服務。

香港仔工業學校

香港仔工業學校（前身為香港仔兒童工藝院）是馮平山等華人精英於 1921 年倡議的成果；校舍於 1935 年落成，為工人階級的子女提供教育。[158] 1960 年代，校舍的工作場所不敷

---

158 關於香港仔工業學校的歷史，請參看國際獅子總會香港三〇三區：〈Aberdeen Technical School: A Brief Historical Outline〉，《香港獅聲》，1967 年 12 月，頁 6；〈學校歷史〉，香港仔工業學校，https://web.archive.org/web/20090301023146/ http://www.ats.edu.hk/index.php?option=com_content&view=article&id=41&Item id=66，瀏覽於 2021 年 3 月 31 日。

應用，需籌措經費擴建。1967 年，三〇三區捐助 204,449 港元[159]，協助校舍擴建工程，為校舍加設工作室，添置機器及電子設備。[160]

圖 3.48　1965 年，三〇三區捐助擴建香港仔工業學校。（三〇三區提供）

圖 3.49 及 3.50　學生在香港仔工業學校工作室上課（三〇三區提供）

159〈致敬與道別——國際獅子會香港 303 區獅子大會致詞〉，《香港獅聲》，1968 年 6 月，頁 4。

160〈Speech Day at Aberdeen Technical School〉，《香港獅聲》，1968 年 1 月，頁 5；畢偉文編：《香港獅子運動二十五年之成長過程》，頁 71。

獅子會晨崗學校

獅子會為響應「香港弱智人士服務協進會」（現易名「匡智會」）的號召，捐建了一所容納約 200 名弱智學童的新校舍，致力為香港弱智兒童提供專門設計的教育課程。[161] 三〇三區為建校捐出 30 萬港元，得以命名獅子會晨崗學校（現易名「匡智獅子會晨崗學校」）；其餘建築經費則由教育司署承擔。除了捐建校舍，獅子會亦支持學校的發展。1973 年，三〇三區捐贈 10 萬港元為學校添置一輛校車，方便學童往返校舍。1974 年學校落成，香港總督麥理浩爵士的夫人為新校舍主持開幕式。晨崗學校的校舍由特殊教育組設計，設有十間課室、一間木工室、一間家政室、一間音樂室、兩所露天遊憩所及一所有蓋遊憩場。[162] 三〇三區獅友亦定期前往校舍探訪和慰問。

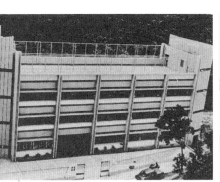

圖 3.51　1974 年，三〇三區捐助興建晨崗學校。（《港澳獅聲》1974 年 12 月，頁 2）

圖 3.52　1975 年，時任總監簡日淦致辭。（《港澳獅聲》1975 年 3 月，頁 11）

161 畢偉文編：《香港獅子運動二十五年之成長過程》，頁 70。
162〈Lions Morninghill School〉，《港澳獅聲》，1974 年 12 月，頁 2。

獅子會九龍特殊幼兒中心

1981 年，香港聾人福利促進會屬下獅子會九龍特殊幼兒中心（現稱「白普理幼兒中心」）正式啟用 [163]，為學齡前聾童提供全日制教育及日托服務；中心亦重視聽覺、語言、讀唇、智能訓練和家長輔導。[164] 三〇三區除認捐聾人幼兒的獎學金，更以簽名運動呼籲電視節目加插字幕，方便聾人汲取知識。[165]

圖 3.53　香港聾人福利促進會主席李國賢在開幕禮上致辭（《港澳獅聲》1982 年 2 月，頁 16）

163〈獅子會九龍特殊幼兒中心開幕〉，《港澳獅聲》，1982 年 2 月，頁 16。

164〈獅子會九龍特殊幼兒中心〉，國際獅子總會中國港澳三〇三區，https://www.lionsclubs.org.hk/tc/landmark303/detail/31，瀏覽於 2021 年 3 月 31 日。

165〈聽覺保護及聾人福利工作在香港〉，《港澳獅聲》，1981 年 9 月，頁 22–23。

路德會救主小學

三〇三區亦經常關注學校在營運中面對的需要。1975年，時任總監伍楚生捐贈 10 萬港元予路德會救主小學，增建家政室、美勞室和特殊教育設備，以協助發展特殊教育。[166]

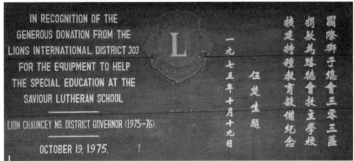

圖 3.54 及 3.55　1975 年，三〇三區向路德會救主小學捐款，增建教育設備。（三〇三區提供）

166《國際獅子總會中國港澳三〇三區五十週年紀念特刊》，頁 124。

澳門業餘進修中心

1995 年，三〇三區捐贈電腦設備予澳門業餘進修中心，成立「獅子會電腦室」。[167]

港澳獅子總會長溪小學

1996 年，三〇三區成員在中國服務扶貧考察團中發現，長溪小學學習環境簡陋，並且在前一年的水災影響下，需借用民居作為教師和學生宿舍。有見及此，三〇三區捐贈了 35 萬港元，在乳源瑤族自治縣興建港澳獅子總會長溪小學；新校舍樓高三層，佔地 586 平方米，大大改善了教學環境。[168]

瑪利灣學校

瑪利灣學校由善牧會於 1968 年創立，致力協助在個人或家庭出現困難的女孩，提供 360 度全方位教育服務及住宿支援。[169] 隨著社會轉變，既有的校舍設施已不足以應對當下的教育發展，其中因致力培養學生藝術上的多元發展，需籌措經費優化視覺藝術室，以配合課程改革。2021 年，三〇三區協助改善校舍視覺藝術室，並添置所需的設備。

167〈District Governor's Interim Report〉，《港澳獅聲》，1995 年 7 月，頁 23。

168〈港澳獅子總會長溪小學（1996 年）〉，國際獅子總會中國港澳三〇三區，https://www.lionsclubs.org.hk/tc/landmark303/detail/12，瀏覽於 2021 年 3 月 31 日。

169〈瑪利灣學校〉，http://www.marycove.edu.hk/tc/intro_intro_stru.php，瀏覽於 2021 年 3 月 31 日。

圖 3.56　梁樹賢總監代表三〇三區，在副總監霍君榮陪同下，將支票遞交予中心何仲恒校長。

圖 3.57　三〇三區在乳源瑤族自治縣興建港澳獅子總會長溪小學（三〇三區提供）

圖 3.58　三〇三區協助瑪利灣學校優化視覺藝術室（三〇三區提供）

圖 3.59　瑪利灣學校獅子會視覺藝術室於 2021 年 5 月 7 日舉行祝聖及啟用典禮，榮休主教湯漢樞機出席主禮。（三〇三區提供）

青少年服務

在推動青少年服務方面，三〇三區捐款贊助在新界建設青少年中心及青年營，為他們提供文娛康樂活動場所。

獅子會青年會將軍澳青年營

獅子會青年會將軍澳青年營是三〇三區於 1956 年捐贈 15 萬港元支持興建的營舍。青年營於 1962 年落成，可以容納 150 位青少年露營之用，香港中華基督教青年會負責管理。三〇三區亦在營舍的日後運作上捐款維護和更換設備，同時支持行政的需求；由興建時起至 1980 年，捐款超過 30 萬港元。[170]

圖 3.60　三〇三區撥捐興建獅子會—青年會將軍澳青年營
（三〇三區提供）

---

170 畢偉文編：《香港獅子運動二十五年之成長過程》，頁 70。

南涌獅子會青少年中心和沙頭角青年中心

1970 年，三〇三區贊助建成南涌獅子會青少年中心和沙頭角青年中心，並由時任國際總會長 Robert D. McCullough 主持開幕儀式。兩所中心均設閱覽室，總贊助費用為 7.3 萬港元。[171]

圖 3.61　1970 年，三〇三區贊助建設南涌獅子會青年康樂中心。（《港澳獅聲》1972 年 11 月，頁 45）

圖 3.62　1970 年，三〇三區贊助建設沙頭角獅子會青年康樂中心。（《港澳獅聲》1972 年 11 月，頁 45）

171〈南涌獅子會青年中心（1970 年）〉，國際獅子總會中國港澳三〇三區，https://www.lionsclubs.org.hk/tc/landmark303/detail/21，瀏覽於 2021 年 3 月 31 日。

林村、牛潭尾、錦田及大埔青年康樂中心

1971/72 年度，三〇三區分別捐贈 8 萬港元及 2.6 萬港元，建設獅子會林村青年中心[172] 和新界牛潭尾獅子會青年康樂中心，為區內的青年拓展促進身心健康的空間。[173] 同時，三〇三區捐贈 3 萬港元興建錦田青年中心。[174] 1974 年，三〇三區贊助 26.2 萬港元興建大埔青年中心交由香港青年協會使用，開幕禮由新界政務司鍾逸傑主持，以示隆重。[175]

圖 3.63　1971/72 年度，三〇三區捐贈建設林村青年康樂中心的圖書館。(《港澳獅聲》1972 年 11 月，頁 5)

圖 3.64　1972 年，新界理民官高禮和 (Harnam Singh Grewal) 主持啟鑰禮。(《港澳獅聲》1972 年 11 月，頁 44)

---

172 〈獅子會林村青年康樂中心（1971 年）〉，國際獅子總會中國港澳三〇三區，https://www.lionsclubs.org.hk/tc/landmark303/detail/23，瀏覽於 2021 年 3 月 31 日。

173 〈三〇三區 1971 至 1972 年大事表〉，《香港獅聲》，1972 年 8 月，頁 16。

174 〈錦田青年中心（1971 年）〉，國際獅子總會中國港澳三〇三區，https://www.lionsclubs.org.hk/tc/landmark303/detail/24，瀏覽於 2021 年 3 月 31 日。

175 畢偉文編：《香港獅子運動二十五年之成長過程》，頁 73；〈獅子會捐助廿餘萬建成大埔青年中心開幕（1）〉，《華僑日報》，1974 年 1 月 14 日。

圖 3.65　1972 年，時任副總監吳坦致辭。(《港澳獅聲》1972 年 11
月，頁 44)

圖 3.66　獅子會林村青年康樂中心現址（三〇三區提供）

圖 3.67　國際總會長魏寧格（Uplinger）主持大埔青年中心奠基典禮
(《港澳獅聲》1972 年 4 月，頁 5)

圖 3.68　1974 年，獅子會大埔青年中心開幕典禮。
（三〇三區提供）

圖 3.69　獅子會大埔青年中心
（三〇三區提供）

圖 3.70　1972 年，三〇三區贊助興建錦田青年中心。（《港澳
獅聲》，1972 年 11 月，頁 45）

醫療衛生服務

　　支持政府拓展醫療衛生服務是三○三區長久以來的服務承諾。

　　1964 年，三○三區捐出 12.5 萬港元予醫務衞生處 [176]，在九龍城興建獅子會母嬰健康院，提供一系列服務促進本地兒童和婦女的健康；香港醫務衞生總監麥敬時醫生（Dr David James Masterton Mackenzie）出席奠基典禮。[177] 1968 年，三○三區捐贈 15 萬港元，加建產科病房和護士宿舍。[178] 1967 年，三○三區贊助擴建大口環根德公爵夫人兒童醫院的醫務大樓，並於 1967 年 1 月 14 日由時任總監劉天宏主持奠基；大樓命名為金禧樓，作為世界獅子運動 50 周年紀慶的項目。此外，三○三區於 1972 年捐贈 22 萬港元，為荃灣港安醫院護士訓練學校興建獅子會大禮堂。[179]

　　自 1970 以來，三○三區致力籌辦香港捐血運動。自 2015 年起，三○三區每年舉辦「獅子全城愛心捐血日」，鼓勵獅友和市民踴躍捐血救人。[180] 2016 年，紅十字會向獅子會提出捐

176〈香港獅子會與政府合資興建獅子會政府母嬰健康院〉，《華僑日報》，1963 年 9 月 13 日。

177〈三零三區獅子會資助母嬰健康院擴建啟用〉，《工商日報》，1967 年 10 月 19 日。

178〈致敬與道別──國際獅子會香港 303 區獅子大會致詞〉，《香港獅聲》，1968 年 6 月，頁 4。

179《國際獅子總會中國港澳三○三區五十週年紀念特刊》，頁 124。

180〈總監的話之（四）〉，《港澳獅聲》，2016 年 3-4 月，頁 15。

圖 3.71　三〇三區在九龍城興建母嬰健康院（三〇三區提供）

贈流動捐血車的建議，結果順利得到區會支持。2016/17 年度總監馮妙雲簽署捐贈意向書後，三〇三區屬會及會員全力募捐，加上獅子會國際基金會的 10 萬美元資助，最後籌得接近 700 多萬港元的款項 [181]，成功落實捐贈一部全新的「獅子會流動捐血車」及三部支援流動捐血隊服務的輔助車，大大改善了香港流動捐血的服務。[182]

　　2019 年，三〇三區與兒童癌病基金簽訂合作計劃，為其籌建蘇屋邨的新社區服務中心，命名為「兒童癌病基金獅子會社區服務中心」，於同年 6 月投入服務。[183]

　　2021 年，三〇三區設「明專獅子會糖尿病服務站」。（詳見 3.4）

181〈總監的話〉，《港澳獅聲》，2019 年 3-4 月，頁 18。
182〈獅子會流動捐血車（2016 年）〉，國際獅子總會中國港澳三〇三區，https://www.lionsclubs.org.hk/tc/landmark303/detail/36，瀏覽於 2021 年 3 月 31 日。
183〈總監的話〉，《港澳獅聲》，2019 年 3-4 月，頁 18。

圖 3.72　大口環根德公爵夫人兒童醫院（三〇三區提供）

圖 3.73　大口環根德公爵夫人兒童醫院捐款碑記（三〇三區提供）

圖 3.74　2019 年，獅子會流動捐血車啟動暨感謝區揭幕典禮。（三〇三區提供）

圖 3.75　三〇三區捐贈流動捐血車（香港紅十字會輸血服務中心提供）

圖 3.76　支援流動捐血隊服務的輔助車（三〇三區提供）

圖 3.77　2020/21 年度，三〇三區區職員與流動捐血車。(三〇三區提供)

圖 3.78　2021 年，香港紅十字會輸血服務中心頒授嘉許獎狀。(三〇三區提供)

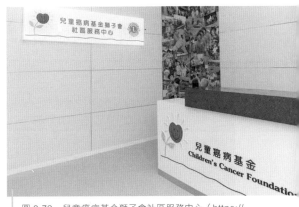

圖 3.79　兒童癌病基金獅子會社區服務中心 (https://www.lionsclubs.org.hk/tc/landmark303/detail/37)

圖 3.80　2019 年，兒童癌病基金獅子會社區服務中心揭幕典禮。(三〇三區提供)

聽覺保護

　　1978 年，三〇三區時任總監何榮高響應國際總會長 Ralph A Lynam 呼籲，決定救助失聰人士，並代表區會捐贈 15 萬港元予香港聾人福利促進會，協助建設聾人中心。該中心命名為獅子會九龍聾人福利中心。[184]

圖 3.81　三〇三區協助建設香港聾人福利促進會（三〇三區提供）

184〈一九七八至七九年度總監中期工作報告〉，《港澳獅聲》，1979 年 7 月，頁 22。

康體設施

三〇三區亦多次協助推動康體設施的發展及植樹計劃。

1980 年，三〇三區捐贈 30 萬港元，興建保良局北潭涌渡假營的獅子會體育館。開幕典禮當日，區職員聯同 31 位獅子會屬會時任會長，每人以獅子會屬會名稱，在渡假營種植一棵樹以作紀念。[185]

1981 年，三〇三區獲漁農處分配一處位於鰂魚涌郊野公園的空地作植樹用途，共種植 40 棵樹，命名為「獅子林」。1982 年的獅子林植樹日，約 300 名獅友偕同家人，在獅子林再植樹共 800 棵。[186]

1995 至 1998 年度，三〇三區贊助興建衛奕信徑（獅子會段）。[187]

---

185 〈保良局北潭涌渡假營（1980 年）〉，國際獅子總會中國港澳三〇三區，https://www.lionsclubs.org.hk/tc/landmark303/detail/30，瀏覽於 2021 年 3 月 31 日。

186 〈鰂魚涌獅子林植樹日〉，《港澳獅聲》，1982 年 5 月，頁 8；〈鰂魚涌郊野公園（獅子林）（1981 年）〉，國際獅子總會中國港澳三〇三區，https://www.lionsclubs.org.hk/tc/landmark303/detail/2，瀏覽於 2021 年 3 月 31 日。

187 國際獅子總會中國港澳三〇三區，〈衛奕信徑獅子會段〉，國際獅子總會中國港澳三〇三區，https://www.lionsclubs.org.hk/tc/landmark303/detail/1，瀏覽於 2021 年 3 月 31 日；圖 3.84，衛奕信段獅子會段贊助者碑文。

圖 3.82　1980年，三〇三區興建保良局北潭涌渡假營的獅子會體育館。（三〇三區提供）

圖 3.83　三〇三區在鰂魚涌郊野公園設「獅子林」（三〇三區提供）

圖 3.84　三〇三區贊助興建衛奕信徑獅子會段（三〇三區提供）

賑災建設

中國在改革開放後不時遭遇天災的打擊,造成生命及財產的重大損失。三〇三區有見及此,亦積極籌募經費建設獅子村,為中國重置賑災建設。

1998 年夏天,中國遭受水災侵襲,國際獅子總會聯同三〇三區各屬會及會員合共捐出 25 萬美元,為河北省水災災民重建 110 所房子,命名「獅子村」。[188] 同年 12 月,時任國際會長夏嘉捷(Kajit)及三〇三區時任總監冼姵璇連同代表團到訪當地,主持獅子村的開幕典禮。[189]

2008 年,中國發生汶川大地震,國際獅子總會聯同三〇三區各屬會成立四川大地震賑災委員會,初步研討兩個災後重建項目。其中一項是往四川雲南災區考察善後工作;另一項則由國際獅子總會聯同三〇三區各屬會、深圳區及廣東區的獅子會及國際獅子會基金合作籌募 800 萬元人民幣,選定鹽津縣中和鎮苦竹霸興建「國際獅子村」。[190] 2010 年 12 月,獅子村落成啟用。[191]

羅江縣慧覺鎮的敬老院在汶川大地震中遭到嚴重破壞。獅

188〈1998 年 7 月 1 日 -1999 年 3 月 31 日總監中期報告〉,《港澳獅聲》,1999 年 5 月,頁 18-19。

189〈災後重建「獅子村」矗立武漢護黎元〉,《港澳獅聲》,1999 年 1-2 月。

190〈許世光總監的話〉,《港澳獅聲》,2008 年 9-10 月,頁 20。

191〈弘揚獅子心 福澤惠社群之(一)〉,《港澳獅聲》,2010 年 7-8 月,頁 29。

子會國際基金會聯同三〇三區屬會及獅友共捐款 200 萬元人民幣，重新修葺原址以安置老人。[192] 2011 年，「羅江縣獅子會慧覺敬老院」落成，國際獅子總會時任第一副會長譚榮根、三〇三區時任總監譚鳳枝及鹽津縣政府首長主持開幕典禮。[193]

圖 3.85　鹽津縣獅子村落成典禮（三〇三區提供）

圖 3.86　羅江縣獅子會慧覺敬老院（三〇三區提供）

---

192 〈四川羅江縣慧覺敬老院（2011 年）〉，國際獅子總會中國港澳三〇三區，https://www.lionsclubs.org.hk/tc/landmark303/detail/13，瀏覽日期：2021 年 3 月 31 日。

193 〈弘揚獅子心 福澤惠社群之（四）〉，《港澳獅聲》，2011 年 1-2 月，頁 13。

美化城市

　　三〇三區捐款贊助建設先艇拖及澳門獅子亭，以協助美化香港、澳門兩地的城市景觀。

先艇拖

　　2006 年，三〇三區屬會及獅友捐款建造先艇拖，致送南區民政事務處，置於鴨脷洲海濱長廊。先艇拖是由本地船艇改裝而成的中型拖網漁船，可用於水深 40 米以內水域，以拖網捕取淺水魚類。[194]

圖 3.87　三〇三區贊助建先艇拖（香港獅子會主會提供）

194〈先艇拖（2006 年）〉，國際獅子總會中國港澳三〇三區，https://www.lionsclubs.org.hk/tc/landmark303/detail/35，瀏覽於 2021 年 3 月 31 日。

澳門獅子亭

澳門獅子亭的設立，來自一次當地會員實地觀察的機緣。會員發現松山健康徑和纜車站出口的交界處並未設有遮蓋建築物，市民使用起來甚為不便，因而向市政廳申請興建涼亭。1998 年，三〇三區屬會和會員出資贊助，在松山纜車終站興建澳門獅子亭。獅子亭由崔世平工程師設計並義務繪畫圖則，著名書法家林近為涼亭書寫〈獅子亭序〉，以紀盛事。[195]

圖 3.88　1998 年，澳門獅子亭揭幕典禮。(《港澳獅聲》1998 年 7 月及 8 月)

此外，香港獅子會眼庫、國際獅子會腎病教育中心及研究基金、獅子會自然教育基金、獅子會教育基金，亦是三〇三區設立的地標項目。(詳見 3.1)

195〈澳門獅子亭（1998 年）〉，國際獅子總會中國港澳三〇三區，https://www.lionsclubs.org.hk/tc/landmark303/detail/34，瀏覽日期：2021 年 3 月 31 日。

圖 3.89 三〇三區捐贈香港眼科醫院設資訊角（香港獅子會眼庫提供）

圖 3.90 國際獅子會腎病教育中心及研究基金（三〇三區提供）

圖 3.91 獅子會自然教育中心（三〇三區提供）

圖 3.92 獅子會中學（三〇三區提供）

3·3 協助中國內地發展

中國獅子運動的延續

中國是世界第三個成立獅子會的國家，天津和青島先後在 1920 年代成立獅子會。到了 1950 年代，中國獅子運動因天津及青島獅子會會籍被註消而停止運作。此後經歷了差不多大半個世紀，在中國殘疾人聯合會主席鄧樸方的支持下，獅子運動得以再次在中國內地開展。

1994 年，時任國際獅子總會長 Giuseppe Grimaldi 委任香港國際理事李國賢處理中國事務，組織成立專門發展中國事務的「中國事務委員會」，成員包括梁欽榮、譚榮根、范佐浩、林海涵、馬清煜、何志平、沈樂年、王偉粵，聯同三○三區時任總監，進入中國推廣及發展獅子運動。[196]

2002 年 4 月 2 日，深圳獅子會（三八○區）和廣東獅子會（三八一區）獲國務院批准成立[197]，並於 2002 年 5 月在北

---

196 國際獅子會中國事務委員會：《國際獅子會成功進軍中國》，2003 年 3 月，頁 1。
197 〈廣東獅子會〉，http://www.gdlions.org.cn/website/About.asp?id=321；〈深圳獅子會〉，http://www.szlions.org.cn/index.php?catid=17，瀏覽於 2021 年 3 月 31 日。

京人民大會堂舉行成立典禮。2003 年 7 月 20 日，三〇三區獅友往訪三八〇區；三〇三區時任總監陳東岳致辭時表示，願意將三〇三區 40 多年的經驗分享給三八〇區的職員，以支持中國獅子會運動的長遠發展。[198] 2003 年 8 月，三〇三區與三八〇區正式結盟為姊妹區。其時三八〇區區會由 165 名獅友組成，包括政府官員、傳媒主管、醫生、律師及商人，大多數是共產黨黨員，深圳前副黨書記廖濤也在其中。[199]

圖 3.93　2002 年 5 月，中國殘疾人聯合會主席鄧樸方獲頒授國際獅子總會最高榮譽獎（《國際獅子會成功進軍中國》，頁 16）

198〈出席國際獅子總會中國深圳 380 區成立慶典〉，《港澳獅聲》，2003 年 7-8 月，頁 21。

199〈獅子運動——中國新動向〉，《港澳獅聲》，2002 年 11-12 月，頁 7。

圖 3.94　1999 年 9 月，中國殘疾人聯合會主席鄧樸方在北京接受中國事務委員會主席李國賢致送紀念品。(《國際獅子會成功進軍中國》，頁 17)

圖 3.95　1999 年，時任總書記胡錦濤接見國際獅子總會代表團。(《國際獅子會成功進軍中國》，頁 12)

圖 3.96　總書記胡錦濤與國際獅子會代表團合影 (《國際獅子會成功進軍中國》，頁 17)

圖 3.97　2002 年，總理朱鎔基與中國事務委員會主席李國賢。(《國際獅子會成功進軍中國》，頁 9)

圖 3.98　2002 年 5 月，國際獅子總會會長法蘭克·摩爾 (J. Frank Moore III) 向副總理錢其琛致送紀念品。(《國際獅子會成功進軍中國》，頁 14)

圖 3.99　2002 年，國家領導人和國際獅子總會代表團合照。(《國際獅子會成功進軍中國》，頁 14)

圖 3.100　2002 年 8 月，國家主席江澤民與國際獅子總會會長凱福島。（《國際獅子會成功進軍中國》，頁 10）

圖 3.101　2002 年 8 月，江澤民主席與「視覺第一‧中國行動」執行委員會主席譚榮根。（《國際獅子會成功進軍中國》，頁 11）

圖 3.102　副總理錢其琛與會長馬清煜（《國際獅子會成功進軍中國》，頁 13）

圖 3.103 中國內地創建深圳獅子會（三八〇區），象徵著獅子運動的延續。2002 年 5 月，舉行創會及就職典禮。（《國際獅子會成功進軍中國》，頁 32）

圖 3.104 2003 年，三〇 三區與三八〇區結盟為姊 妹區。（三〇三區提供）

圖 3.105 全國政協主席賈慶林會見馬錦明博士伉儷（《國際獅子會成功進軍中國》，頁 16）

圖 3.106 李國賢（左起）、梁欽榮、董建華、世界會長柏德遜、范佐浩（《國際獅子會成功進軍中國》，頁 18）

圖 3.107 國際獅子總會向香港首任特首頒授最高榮譽元首級獎章（《國際獅子會成功進軍中國》，頁 18）

圖 3.108 （右起）范佐浩、李國賢、馬錦明、北京市海外聯誼會會長沈仁道、馬清煜合照（《國際獅子會成功進軍中國》，頁 19）

圖 3.109　全國人大副委員長吳階平（左三）為深圳眼科醫院題字（《國際獅子會成功進軍中國》，頁 20）

圖 3.110　右起：三〇三區前總監吳國勝、文錦歡、陳東岳（《國際獅子會成功進軍中國》，頁 22）

圖 3.111　國際獅子會成員參觀北京順義醫院（《國際獅子會成功進軍中國》，頁 22）

眼科醫療服務的拓展

中國獅子運動的復興，機緣來自國際獅子總會的「視覺第一」行動。早在 1991 年 11 月東南亞獅子大會於日本神戶舉行期間，三〇三區時任上屆總監譚榮根曾向國際獅子會基金國際聯絡專員史偉信（Brian Stevenson）表達對中國提供視力防治的願景，並承諾三〇三區將全力協助策動。[200] 結果願望達成，國際獅子總會支持三〇三區在內地推行「視覺第一」行動。為了有效落實行動，三〇三區從 1991 至 2005 年的 15 年內，在區內籌得的捐款接近 200 萬美元。[201]

「視覺第一」是國際獅子總會在 1991 年前發起的行動[202]；1992 年，國際獅子總會正式呼籲全球獅子會分區響應「視覺第一」運動。[203] 同年，三〇三區在「視覺第一動向大會」上，呼籲獅友關注亞洲貧窮國家的失明情況，指出若能通過視覺第一計劃為中國不同地區提供醫療支援，將會逐漸解決問題。[204] 時任總監王偉粵坐言起行，呼籲獅友支持視覺第一和高登眼鏡合作的舊眼鏡收集計劃，將舊眼鏡捐贈第三世界需要視力糾正

200〈「視覺第一」獅友首訪中國〉，《港澳獅聲》，1993 年 9 月，頁 33。
201〈視覺第一第二期籌款運動簡介〉，《港澳獅聲》，2005 年 9-10 月，頁 18-21。
202〈獅子會「視力第一」計劃向失明宣戰〉，《港澳獅聲》，1991 年 12 月，頁 3-4。
203〈「視覺第一」運動〉，《港澳獅聲》，1992 年 4 月，頁 16。
204〈社論：「視覺第一」肩負保護視力的使命〉，《港澳獅聲》，1992 年 6 月，頁 8。

的人士。[205] 三〇三區又在香港文化中心舉行獅子會視覺保護慈善音樂晚會，為香港盲人輔導會及港澳獅子會眼庫籌款；晚會邀得港督衛奕信勳爵及夫人出席，大大促進了籌款的效果。[206]

1993 年，國際獅子會基金撥款 62.6 萬美元予中國展開「視覺第一‧服務計劃」，目標是為內地的白內障患者提供手術；當時中國的失明人士大約有 750 至 1,000 萬人之多。三〇三區時任上屆總監周振基與一眾代表團成員於 7 月前往北京，與中國高層官員協商工作的開展；與中國衛生部及北京聯合醫院一起探討視覺第一在中國展開的可能性和方法。[207] 一年後，「視覺第一」在東亞地區已經獲得超過 6,000 萬美元的捐款。[208]

1994 年，視覺第一‧中國行動於浙江省初步展開，國際獅子總會負責出錢，中方負責出力，三〇三區則負責評估檢查和宣傳等工作。[209] 1996 年，有關行動完成了 4,087 宗白內障手術[210]，成績斐然。

---

205 〈Lions Day With The United Nations' March 9, 1992 聯合國獅子日〉，《港澳獅聲》，1992 年 4 月，頁 23。

206 〈SightFirst News〉，《港澳獅聲》，1992 年 3 月，頁 18。

207 〈The Lions Maiden CSF Trip To China Reported「視覺第一」獅友首訪中國〉，《港澳獅聲》，1993 年 9 月，頁 30-35。

208 〈視覺第一 全球捐款總結〉，《港澳獅聲》，1994 年 9-10 月，頁 8-9。

209 〈SightFirst China Action Update 視覺第一快訊〉，《港澳獅聲》，1997 年 11-12 月，頁 36-37。

210 〈視覺第一中國服務浙江省新昌縣防盲及山西省陽曲縣及懷仁縣視覺第一工作報告〉，《港澳獅聲》，1997 年 1-2 月，頁 35-36。

第一期的「視覺第一‧中國行動」五年計劃正式在 1997 年展開。三〇三區簽署為期五年的「視覺第一‧中國行動」的協議書，目標在五年內完成 175 萬宗白內障手術，與此相關的捐款達 1,538 萬美元。1997-1998 年，「視覺第一‧中國行動」一共派遣了 59 隊醫療隊，前往內地 31 個省市，施行了超過 71 萬次手術[211] 宗白內障復明手術。同時，計劃亦對超過 2,700 名眼科醫生和眼科輔助人員提供技術培訓，於 12 間醫院建立眼科，配備眼科設備和手術設施。[212] 踏入千禧年代，「視覺第一‧中國行動」取得更驕人的成績。到了 2000 年，「視覺第一‧中國行動」已經在全中國各省市成功施行約 120 萬宗白內障手術[213]；2001 年更獲得世界衛生組織評為其他國家同類型項目的典範。[214] 計劃主要由三〇三區安排兩至三個屬會與中國內地各省份配對，然後由屬會跟進各省份拓展眼科醫療服務。[215]

　　第二期的「視覺第一‧中國行動」五年計劃在 2002 年展開，國際獅子總會撥款 1,550 萬美元，中國政府亦撥款 2 億

211〈Cover Story SightFirst China Action 視覺第一中國行動〉，《港澳獅聲》，1999 年 3-4 月，頁 15。

212〈SightFirst China Action 視覺第一中國行動〉，《港澳獅聲》，1999 年 1-2 月，頁 26-27。

213〈「世界視覺日—北京 & 香港」讓全世界都能看得見〉，《港澳獅聲》，2000 年 9-10 月，頁 18-19。

214〈視覺第一第二期籌款運動簡介〉，《港澳獅聲》，2005 年 9-10 月，頁 18-21。

215 口述歷史訪問，何麗貞女士，2020 年 9 月 17 日。

美元資助[216]。2005 年，三〇三區舉行新生命工程籌款夜，為視覺第一中國行動籌款[217]；其中河南省的白內障患者和家庭特別受到計劃的關顧。到了 2006 年，近 40 萬名白內障患者重見光明。[218]

2012 年，「視覺第一・中國行動」開展第三期工作，至 2017 年完成；主力消除致盲性砂眼。[219] 在第三期工作完成之後一年，香港獅子會眼庫與雪梨獅子會眼庫及澳大利亞夢想成真基金會合作，在中國青海免費為 300 位白內障患者施行手術。[220]

圖 3.112　「視覺第一・中國行動」遠赴雲南（三〇三區提供）

圖 3.113　「視覺第一・中國行動」為鶴慶建立獅子會胡冠英眼科中心，配備眼科設備和手術設施。（三〇三區提供）

216〈歷史見證—中國國際獅子總會「視覺第一・中國行動」二期合作協議簽字儀式暨中國廣東、中國深圳獅子會加入國際獅子總會授證儀式〉，《港澳獅聲》，2002 年 5-6 月，頁 10-12。

217〈視覺第一第二期籌款運動簡介〉，《港澳獅聲》，2005 年 9-10 月，頁 18-21。

218〈國際獅子總會——視覺第一・中國行動二期項目執行檢查匯報〉，《港澳獅聲》，2006 年 3-4 月，頁 26。

219 口述歷史訪問，冼姵璇女士，2020 年 8 月 5 日。

220〈香港獅子會眼庫成立 55 周年〉，《港澳獅聲》，2018 年 1-2 月，頁 33。

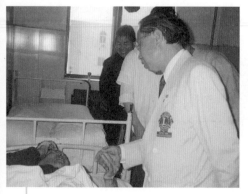

圖 3.115　2002 年，中國殘疾人聯合會主席鄧樸方（左二）接受國際獅子總會遞交的第二期 1,500 萬美元的支票。（《國際獅子會成功進軍中國》，頁 19）

圖 3.114　探訪中國內地眼疾患者（三○三區提供）

圖 3.116　2002 年，全國各省市領導人與國際獅子總會代表團遠赴北京出席「視覺第一・中國行動」。（《國際獅子會成功進軍中國》，頁 15）

圖 3.117　2002 年，國際獅子總會在人民大會堂前合照。（《國際獅子會成功進軍中國》，頁 15）

圖 3.118　重見光明者向國際獅子會總會會長凱福島豎起拇指，旁為譚榮根。（《國際獅子會成功進軍中國》，頁 23）

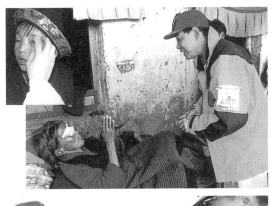

圖 3.119 及 3.120　「視覺第一‧中國行動」為國際獅子總會及三〇三區的重要社會服務（《國際獅子會成功進軍中國》，頁 24）

其他中國內地服務的開展

　　除了視覺第一中國行動外，獅子會於中國內地亦建造不少醫院，並不斷推廣正確的眼科知識。三〇三區於中國內地的服務亦包含賑災、防治愛滋病，以及環保行動；同時亦盡力聯繫中國內地的獅子會和提供協助。

範疇	年份	項目
興建學校	1998	何德心捐資人民幣 54 萬元興建延慶縣靳家堡鄉何德心小學 [221]
興建醫院	1996	三〇三區於北京市門頭溝捐建醫院 [222]； 時任總監霍君榮、時任副總監蘇震宇及會員捐建上葦甸鄉衛生院。[223]
	1997/98	譚華正獅友捐贈的譚華正醫院於北京市開幕； 北京同仁醫院的白內障復明工程亦展開； 天津市的殘障人士就業服務中心開幕。[224]
	1998/99	黃頌盈醫院於北京落成 [225]
	2000	在北京密雲縣建成戴東嶽醫院 [226]

---

221 國際獅子會中國事務委員會：《國際獅子會成功進軍中國》，頁 26。
222 同上，頁 31。
223 同上，頁 26。
224《國際獅子總會中國港澳三〇三區五十周年紀念特刊》，頁 128。
225 國際獅子會中國事務委員會：《國際獅子會成功進軍中國》，頁 28。
226 同上，頁 29。

圖 3.121　1998 年，三〇三區會員何德心捐資人民幣 54 萬元建成延慶縣靳家堡鄉何德心小學。（《國際獅子會成功進軍中國》，頁 26）

圖 3.122　2000 年華正中學開幕典禮（《國際獅子會成功進軍中國》，頁 27）

圖 3.123　1996 年，三〇三區第一間醫院是在北京市門頭溝建成，亦是在中國以三〇三區名義第一次服務計劃。（《國際獅子會成功進軍中國》，頁 31）

圖 3.124　1996 年，時任總監霍君榮、時任副總監蘇震宇及會員，捐贈 58 萬元人民幣，修建上葦甸鄉衞生院。（《國際獅子會成功進軍中國》，頁 26）

範疇	年份	項目
視力知識推廣	2000	在北京舉行世界視覺日，超過 130 位會員和來自 8 個國家 20 多位眼科專家參加，並聯合探訪北京，為超過 2000 名幼童檢查視力。[227]
	2004	三〇三區組織義工團前往溫州醫學院參加「Opening Eyes 光明行動」暨「溫州醫學院國際特殊奧林匹克運動醫學中心」開幕儀式。[228]
	2010	開展「獅心 瞳心 齊護眼」中國河南省護眼之旅。[229]
推動環保	2003	與深圳獅子會合作舉行「港深環保聯合大行動」，在深圳市內及羅湖入境處派發環保袋。[230]
防治愛滋病	1990 年代	每年皆贊助多位內地紅絲帶學人到港與香港醫務人員交流並舉辦講座，加強市民預防愛滋病的警覺。[231]
賑災工作	1998	國際獅子總會與三〇三區合捐 25 萬美元，為湖北省武漢新州縣的水災災民重建 110 所房子，建立「獅子村」。[232]
	2008	成立四川大地震賑災委員會，初步研討兩個災後重建項目[233]，並往四川羅江慧覺鎮敬老院和都江堰陽光寶貝托兒所舉行送暖行動。[234]

---

227 〈一年大事回顧〉，《港澳獅聲》，2001 年 5-6 月，頁 16。

228 〈國際獅子總會三〇三區獅子會參與「Opening Eyes 光明行動」暨「溫州醫學院‧國際特殊奧林匹克運動醫學中心」開幕儀式〉，《港澳獅聲》，2004 月 11-12 月，頁 32。

229 〈「獅心，瞳心，齊護眼」中國河南省護眼之旅〉，《港澳獅聲》，2010 年 3-4 月，頁 21。

230 〈總監陳東岳報告〉，《港澳獅聲》，2003 年 11-12 月，頁 13。

231 〈總監的話〉，《港澳獅聲》，2005 年 11-12 月，頁 12。

232 〈災後重建「獅子村」，矗立武漢護黎元〉，《港澳獅聲》，1999 年 1 月，頁 22-23。

233 〈許世光總監的薈萃精英 共響名聲之三〉，《港澳獅聲》，2008 年 11-12 月，頁 12。

234 〈許世光總監的話〉，《港澳獅聲》，2009 年 1-2 月，頁 18。

圖 3.125　1997 年譚華正醫院開幕（《國際獅子會成功進軍中國》，頁 27）

圖 3.126　1998 年，三〇三區前總監、香港工商界知名人士黃頌盈捐資 65 萬元人民幣，興建密雲縣河南寨鎮黃頌盈醫院。（《國際獅子會成功進軍中國》，頁 28）

圖 3.127　1999 年孔憲紹醫院落成（《國際獅子會成功進軍中國》，頁 28）

圖 3.128　2000 年，三〇三區會員戴東嶽捐資 65 萬人民幣於北京密雲縣建成戴東嶽醫院，有病房樓 2,000 平方米，增設病床 100 張，大為改善病人住院及當地醫療情況。（《國際獅子會成功進軍中國》，頁 29）

圖 3.129　李國賢、范佐浩、林海涵、霍君榮、黃頌盈、譚華正、孔憲紹、何德心、楊超成各捐 30 萬元人民幣，認捐中華文化銅像人物一座，由前北京市長劉淇頒發證書。（《國際獅子會成功進軍中國》，頁 30）

圖 3.130　三〇三區捐助天津市殘疾人就業服務中心開幕（《國際獅子會成功進軍中國》，頁 31）

3.4 響應總會的服務號召

視覺服務

    1925 年，失明失聰的美國作家及教育家海倫凱勒在美國俄亥俄州西達角舉行的國際獅子年會發表演講，呼籲獅友對國際獅子總會所提出的視覺保護服務作出貢獻。[235] 她的勵志奮鬥經歷成功地啟發國際獅子總會在成立初期，將「視覺保護」列為長期服務項目之一。時至今日，國際總會一直致力防止可預防的失明，並改善失明及視障人士的生活質素。[236] 1980 年代，國際總會認定糖尿病為失明的最大成因，並積極將防盲服務與對抗糖尿病工作結合。[237] 由於糖尿病是可以預防的疾病，國際總會希望通過教育大眾均衡飲食及充足運動，以減低他們患上糖尿病的機會，從而防止因糖尿病惡化引致失明，對於降低全球失明人口具有積極意義。[238] 踏入 1990 年代，國際總會展開一項劃時

---

235 〈國際總會長葛思達就職演詞〉，《港澳獅聲》，1982 年 8 月，頁 9。

236 〈視力〉，國際獅子總會，https://www.lionsclubs.org/zh-hant/start-our-global-causes/vision，瀏覽於 2021 年 3 月 31 日。

237 〈國際總會長馬遜就職演詞〉，《港澳獅聲》，1984 年 7-8 月，頁 6。

238 同上。

代的全球性治盲服務工作—「視覺第一」，不論在資源投入、服務範圍、內容深度方面，都遠超以往的同類計劃。[239] 鑑於當時全球九成失明人口都集中在發展中國家，國際總會向多個發展中國家的政府及衞生部門提供技術、資金、人力支援，協助提昇當地的醫療技術及人員水平，使更多眼疾患者能夠得到適切治療，避免病情進一步惡化。[240] 除了糖尿病外，「視覺第一」亦協助預防及解決因白內障、青光眼、砂眼、寄生蟲感染及眼角膜硬化而導致的失明。[241] 在前總監譚榮根的推動下，促成中國政府及國際總會的首次合作，把服務範圍擴展至中國。[242]

其實，三〇三區在成立不久之後，已經展開視覺服務。1962 年，三〇三區與香港眼科學會成立香港獅子會眼庫，以推廣眼角膜移植及資助眼疾研究為目標。1960 至 1970 年代，本地眼科手術及治療的發展仍然落後，香港眼庫擔當先鋒角色，推行多項革新的工作及服務。香港眼庫與香港眼科學會合作游說港英政府通過《角膜移植法令》，把本地死者所捐贈的眼角膜用作移植手術合法化。[243] 法令於 1964 年通過後，眼庫一直積極呼籲公眾捐贈眼角膜，拓展本地眼角膜來源，以減少依賴來自外地的眼角膜供應。此外，香港眼庫亦資助眼疾患者

239〈視力第一〉，《港澳獅聲》，1990 年 9 月，頁 11。
240 同上，頁 12。
241 同上。
242 口述歷史訪問，譚榮根先生，2020 年 8 月 28 日
243〈Your Eye Bank〉，《香港獅聲》，1967 年 11 月，頁 10-11。

施行眼科手術，使他們重見光明；這方面的財政援助對於有財政困難或病情嚴重的患者極具意義。[244] 1980 至 1990 年代，香港眼庫持續向本地多家醫院供應眼角膜，令眼角膜移植手術得以普及。近年，隨著醫院管理局全盤接管眼角膜移植手術的操作後，香港眼庫的工作重心已經轉移至強化眼科教育的推廣工作。

除了多年來推動香港眼庫的擴充，三〇三區亦經常舉辦各種公眾活動，提高公眾對眼疾及眼睛護理的知識。通過「青光眼普查」、「寶寶護眼知多少」、「獅子同心齊護眼」等服務行動，三〇三區為全港不同年齡層人士提供免費驗眼服務。[245] 區會亦曾經分別在 2001 年與香港盲人輔導會合辦「愛心樂韻獻光明慈善音樂會」及 2003 年與香港失明人協會合辦「世界獅子服務日之慈善步行暨傷健共融嘉年華」，為相關機構籌集經費以支持他們對本地失明人士的支援。[246]

244〈眼庫資訊〉，《港澳獅聲》，1974 年 2 月，頁 14。

245〈一年大事回顧〉，《港澳獅聲》，2001 年 5-6 月，頁 17；〈彩虹行動〉，《港澳獅聲》，2003 年 3-4 月，頁 29；〈總監陳東岳報告〉，《港澳獅聲》，2003 年 11-12 月，頁 15；〈許世光總監的話（三）〉，《港澳獅聲》，2008 年 11-12 月，頁 12；〈總監的話（三）〉，《港澳獅聲》，2011 年 11-12，頁 14；〈總監的話（三）〉，《港澳獅聲》，2012 年 11-12，頁 20；〈總監的話（三）〉，《港澳獅聲》，2016 年 11-12，頁 13；〈獅子會何德心小學〉，《港澳獅聲》，2016 年 11-12，頁 17。

246《國際獅子總會中國港澳三〇三區五十週年紀念特刊》，頁 127；〈總監陳東岳報告〉，《港澳獅聲》，2003 年 11-12 月，頁 17。

圖 3.131–3.133　2001 年，三〇三區為公眾提供免費驗眼服務——青光眼普查。
（三〇三區提供）

圖 3.134–3.137　2008 年，三〇三區為公眾提供免費驗眼服務——寶寶護眼知多少。

圖 3.138 及 3.139　2020/21
年度獅瞳傳愛短片創作大賽
（三〇三區提供）

環境保育

1979 年，國際獅子總會長 Ralph A. Lynam 向各區會傳揚保護環境的重要性、呼籲正視環境問題，並把環保工作納入獅子會主要的服務項目之一，要求各區會執行。[247] 根據當時的政策方針，環保工作主要分為三類：[248]

- 與環保組織及相關政府部門保持緊密聯繫及合作，並向他們提供適當的支援；

- 透過教育推廣活動，提高公眾對環境保育的意識，引導他們理解環境問題引致的禍害並鼓勵他們加入解決環境問題的行列；

- 促使獅友了解當前的環境問題，並就問題制定長遠解決方法。

在得到國際總會的明確指示後，三〇 三區積極投入本地的環保工作。當中以創立位於西貢蕉坑的獅子會自然教育中心為最矚目的成就。整個項目從籌備、營運到發展都充分體現了總會所提出的三大方針。[249] 獅子會自然教育中心是一項由獅子會自然教育基金與漁農署共同籌辦的服務計劃，通過各種戶外及戶內展覽向本地市民和旅客推廣自然教育，不單加強他們對

247〈會長之言：協助保持環境質素〉，《港澳獅聲》，1979 年 3 月，頁 4-5。

248 同上。

249 詳細請參看第三章，獅子會自然教育基金。

香港自然資源及地貌的認識，更培養他們的環保意識。自中心落成後，獅子會自然教育基金一直提供無間斷的支援。透過與漁農署的緊密交流，了解到中心營運及自然教育推廣上需要改善的地方，並對症下藥，制定長遠的解決方案。其中一個好例子是獅子會自然教育基金發起的籌款活動，為中心增設多元化的展覽設施。

此外，三〇三區透過籌辦不同類型的服務，把環境保育的訊息推廣至社會各個層面。其中包括：

	服務項目
保護環境	海岸清潔日 [250]
	颱風後到吉澳、鴨洲清潔海灘行動 [251]
	植樹日 [252]
	與漁農處合辦「郊野長青」計劃，清理郊野公園。[253]
	與東區民政事務署合作舉辦「大型公園清潔行動」 [254]
	環保植樹籌款獅子行 [255]

250〈梁家昌總監的話〉，《港澳獅聲》，2007 年 9-10 月，頁 10；〈獅子會國際海岸清潔運動 2007〉，《港澳獅聲》，2008 年 1-2 月，頁 21；〈總監的話（四）〉，《港澳獅聲》，2016 年 3-4 月，頁 15。

251〈總監的話〉，《港澳獅聲》，2018 年 9-10 月，頁 21。

252〈獅子慈善植樹同樂日〉，《港澳獅聲》，2000 年 5-6 月，頁 14。

253〈郊野長青計劃 94/95 的序幕禮〉，《港澳獅聲》，1995 年 7-8 月，頁 38-39。

254〈總監陳東岳報告〉，《港澳獅聲》，2003 年 11-12 月，頁 17。

255〈環保植樹獅子行 2005〉，《港澳獅聲》，2005 年 5-6 月，頁 10；〈總監的話（五）〉，《港澳獅聲》，2012 年 3-4 月，頁 23。

服務項目	
培育學生 環保意識	舉辦環保徵文比賽 [256]
	資助獅子會中學學生參加漁農署籌辦的日本考察團 [257]
	「校園環保小農夫」水耕菜種植獎勵計劃 [258]
著重公眾 參與	舊衣回收及派發環保袋 [259]
	世界獅子服務日「全城環保日」及「鏡頭下的環保世界」攝影比賽 [260]
	「以物易物 慳水慳電 愛分享 愛地球」環保嘉年華會 [261]
	「不留痕」郊野環保推廣運動 [262]
	環保智慧城市嘉年華 [263]

256〈總監陳東岳報告〉,《港澳獅聲》,2003 年 11-12 月,頁 14;〈總監的話〉,《港澳獅聲》,2005 年 11-12 月,頁 12;〈梁家昌總監的話〉,《港澳獅聲》,2008 年 3-4 月,頁 16;〈總監的話〉,《港澳獅聲》,2012 年 3-4 月,頁 23。

257〈總監的話(五)〉,《港澳獅聲》,2015 年 3-4 月,頁 19。

258〈總監的話〉,《港澳獅聲》,2018 年 11-12 月,頁 16。

259〈總監陳東岳報告〉,《港澳獅聲》,2003 年 11-12 月,頁 13;〈歷屆總監貢獻〉,《國際獅子總會中國港澳三〇三區五十週年紀念特刊》,頁 119。

260〈總監的話〉,《港澳獅聲》,2008 年 1-2 月,頁 15。

261〈總監的話(六)〉,《港澳獅聲》,2013 年 5-6 月,頁 9。

262〈總監的話(四)〉,《港澳獅聲》,2017 年 1-2 月,頁 26。

263〈總監的話〉,《港澳獅聲》,2018 年 5-6 月,頁 14。

圖 3.140–3.142　1994/95 年度三〇三區與漁農處合辦「郊野長青」
計劃，清理郊野公園。（三〇三區提供）

圖 3.143 2015 年，三〇三區資助獅子會中學學生參加漁農署籌辦的日本考察團。
（《港澳獅聲》2015 年 7 月及 8 月，頁 32）

圖 3.144–3.146 2018 年，「校園環保小農
夫」水耕菜種植獎勵計劃。（三〇三區提供）

圖 3.147–3.148　2013 年，「以物易物·
慳水慳電·愛分享·愛地球」環保嘉年
華。（三〇三區提供）

圖 3.149–3.152　2017 年，「不留痕」郊野環保推廣運動。（三〇三區提供）

圖 3.153–3.155 2018 年，舉行環保智慧城市嘉年華。（三〇三區提供）

對抗飢餓

根據聯合國《世界糧食安全和營養狀況 2020》，截至 2019 年全球有 6.9 億人長期處於飢餓狀態，佔全球人口 8.9%。[264] 全球飢餓人口集中分佈在亞洲（3.81 億），其次是非洲（2.5 億），然後是拉丁美洲和加勒比海區域（4,800 萬）。[265] 在食物供應不穩定的情況下，飢餓人口經常處於營養不良的狀態；2019 年，全球有 1.44 億名五歲以下兒童出現發育遲緩情況，當中超過 90% 的兒童生活在亞洲及非洲，分別佔 54% 和 40%。[266] 同時，新型冠狀病毒在 2020 年肆虐全球，不單奪去數以千萬計的性命，更重創多國經濟，加劇貧窮問題。因此，該報告指出 2020 年食物供應不足的人數將會大幅上升，以致 2030 年實現「零飢餓」的全球目標更難達致。[267]

飢餓作為一個全球共同面對的挑戰，成因複雜，影響範圍極廣，需要眾多國家及國際組織合力解決。有見及此，在 2011 年國際總會長譚榮根的號召下，國際獅子總會奮力協助應對飢餓問題。[268] 國際總會推行「救濟飢餓試行撥款計劃」，

---

264 聯合國糧食及農業組織、國際農業發展基金、聯合國兒童基金會、世界糧食計劃署、世界衛生組織：《世界糧食安全和營養狀況 2020（概要）》，2020 年 7 月 13 日，頁 11。

265 同上，頁 13。

266 同上，頁 16、18。

267 同上，頁 7。

268〈總監的話之（一）〉，《港澳獅聲》，2011 年 7-8 月，頁 33。

向各區會提供 1 萬到 10 萬美元資金援助，用以興建或擴展食物銀行與食物儲存設施，以及建造廚房與餐飲設施，以配合實施學校供餐計劃，包括添購冰箱、烤箱，以至用作運送、收集食物的車輛等設備。[269]

　　在經濟富裕的香港，儘管大部份人口三餐溫飽，但是依然有少部份人因貧窮或經濟能力低下而無法持續地取得充足食物。2019 年，全港合共八間食物銀行總共收到 13,142 宗短期食物供應援助，總受惠人數達 3.8 萬。[270] 然而，在新冠肺炎疫情的打擊下，2020 年首十個月的申請已達 15,849 宗，比起去年同期的 10,700 宗申請個案多出 48.12%，超出去年全年總申請個案數目。[271] 申請服務的人士除了長者及基層家庭之外，也有失業的中產人士。[272] 這些數據反映出無法得到充足食物的問題一直存在，而疫情使問題變得惡化。三〇三區發起食物募捐活動，協助弱勢社群解決日常三餐的需求。2013 年，時任總監林德銘率先舉辦「關愛貧窮之一人一罐頭推動日」以響應國際會長 Wayne Madden 的全球性「救濟肌餓」的號召，發動獅友及公眾人士捐贈罐頭給食物銀行，最終成功收集 12,000 個

269〈救濟飢餓試行撥款計劃〉，國際獅子總會，https://www.lionsclubs.org/zh-hant/start-our-approach/grant-types/hunger-pilot-grant，瀏覽於 2021 年 3 月 31 日。
270〈食物銀行今年首兩月收逾二千宗申請　較去年同期多 38%〉，《香港 01》，2020 年 5 月 6 日。
271〈食物銀行需求大增 中產也求助〉，《蘋果日報》，2021 年 1 月 10 日。
272 同上。

罐頭並轉贈至聖雅各福群會及樂餉社屬下的食物銀行。[273] 2016 至 2017 年度，區會每次晚餐例會或宴會，都會預先聯絡惜食堂回收過多的食物，轉給有需要的人士。[274] 另外，區會與恆藝愛心行動合辦派送食物服務，在 2016 年 10 月至 2017 年 2 月期間，向土瓜灣及長沙灣的長者派飯。[275] 2020/21 年度，區會籌辦「獅家飯」，向低收入家庭派發抗疫物資和飯盒。

圖 3.156–3.157　2013 年，關愛貧窮之一人一罐頭推動日，三〇三區推動獅友及公眾人士捐贈罐頭給食物銀行。（《港澳獅聲》2013 年 3 月及 4 月，頁 27）

273〈總監的話之（五）〉，《港澳獅聲》，2013 年 3-4 月，頁 20。
274〈總監的話之（二）〉，《港澳獅聲》，2016 年 9-10 月，頁 13。
275 同上。

圖 3.158–3.159　2016 年，三〇三區與恆藝愛心行動合辦派送食物服務。
（三〇三區提供）

圖 3.160 及 3.161　2020/21
年度三〇三區派發抗疫物資及
飯盒（三〇三區提供）

糖尿病

　　儘管糖尿病不會對患者構成即時的性命威脅，它所帶來的影響卻絕對不容忽視；一旦病情惡化，身體多個器官，包括心臟、血管、眼睛、腎臟、神經，以及牙齒，將會出現嚴重問題。[276] 在貧困落後國家，患者的處境更加惡劣。他們往往因為醫療技術落後和缺乏醫療保障等因素而無法得到適當治療，最終引發心血管疾病、失明、下肢截肢及腎衰竭等疾病。[277] 因此，國際獅子總會於 1982 年將糖尿病納入為重點服務項目之一，致力阻止糖尿病漫延，協助多國共同解決此一國際衛生議題。[278] 數年之內，總會已經撥出超過 100 萬美元支援糖尿病研究工作，尋找成因和治療方法，並協助識別潛伏患者，讓他們及早得到適當治療。[279]

　　在國際總會號召下，三〇三區於 1984 年將糖尿病納入為重點服務項目之一，以加強公眾對糖尿病的認識。[280] 同年，三〇三區率先以一項大規模的教育性服務—「挑戰糖尿病」展覽，向公眾傳達預防、抑制及治療糖尿病的資訊。為了使展覽

276〈糖尿病〉，國際獅子總會，https://www.lionsclubs.org/zh-hant/give-our-focus-areas/diabetes，瀏覽於 2021 年 3 月 31 日。

277 同上。

278 同上。

279〈Diabetes Education and Research–An Important Destination〉，《港澳獅聲》，1986 年 11 月，頁 10。

280〈「挑戰糖尿病」運動之工作報告〉，《港澳獅聲》，1985 年 1 月，頁 15。

得到更多關注，區會早於展覽舉行前兩星期已經安排總監及前總監暨籌委會主席在電視節目介紹展覽，並邀請數名專科醫生講解糖尿病及回答觀眾的查詢。[281] 展覽最終在 10 月 6 日於九龍新世界中心舉行，向在場市民派發糖尿病常識小冊子並提供糖尿檢測。[282] 作為三〇三區喚起公眾對糖尿病關注的首度嘗試，是次活動成功吸引 4 萬名市民參與，為糖尿病列入長期服務工作建立基礎。[283] 到了 1990 年代，三〇三區繼續沿用「挑戰糖尿病」為主題，透過展覽、研討會、講座、健康檢測等活動，鼓勵市民參與預防及控制糖尿病以達致全民健康的目標。直至現時，三〇三區依然強調糖尿病教育為重點服務之一。

在各種由糖尿病引致的健康問題中，三〇三區特別關注糖尿病與腎病之間密不可分的關係。三〇三區轄下的獅子會腎病教育中心及研究基金自 1991 年成立以來，一直為本地有需要的腎病患者提供低廉且高質的洗腎服務。當中，大部份接受洗腎服務的患者都同時患有糖尿病，反映糖尿病確實為慢性腎病和末期腎衰竭的主要成因之一。[284] 多年來，腎病中心持續開辦「糖尿病、腎病知多啲」展覽、講座及研會，向公眾解釋糖

---

281 同上。

282 同上。

283 同上。

284〈第十六週年紀念慈善餐舞會〉，《港澳獅聲》，2007 年 9-10 月，頁 14；國際獅子會腎病教育中心及研究基金：《第七週年紀念慈善餐舞會暨第八屆總理就職典禮 (1998-1999)》，頁 1；《第十一週年紀念慈善餐舞會暨第十二屆總理就職典禮 (2002-2003)》，頁 2-3。

尿病的深遠影響，並提醒糖尿病患者注意健康，以免病情惡化為嚴重腎病。

2020 年，三〇三區撥款約 139 萬港元予明愛專上學院，設立「明專獅子會糖尿病服務站」，為糖尿病高危人士、病人及照顧者提供服務，包括篩查服務、醫療諮詢服務、患者及照顧者支援服務、教育服務及外展服務；為鼓勵小學生認識糖尿病，並建立良好和健康的飲食習慣，藉以減少與超重相關的長期病患，三〇三區舉辦「學界健康小廚神大比拼」，以低糖、低鹽、低油為主題設計健康菜式。

圖 3.162　1984 年，三〇三區在新世界中心舉行「挑戰糖尿病」展覽會開幕典禮。左起：友誼小姐劉淑華、香港小姐高麗虹、社會福利署署長湛保庶、大會主席吳彥男、時任總監甯德臻、觀塘社區健康發展計劃管理委員會主席畢斯頓醫生、活力之星梁韻蕊以及上屆總監畢禹徵。（《港澳獅聲》1985 年 1 月，頁 16）

圖 3.163　1984 年，大會主席吳彥男在德福花園舉行的「挑戰糖尿病」展覽會上致辭。(《港澳獅聲》1985 年 1 月，頁 16)

圖 3.164　1984 年，時任總監甯德臻致辭。(《港澳獅聲》1985 年 1 月，頁 16)

圖 3.165　1992 年舉行「挑戰糖尿病」巡迴展覽。(《港澳獅聲》1992 年 4 月，頁 24)

圖 3.166　女獅參與挑戰糖尿病運動探訪老人院舍及健康講座（三〇三區提供）

圖 3.167　2009 年舉行「叮走糖尿病」（三〇三區提供）

圖 3.168　明專獅子會糖尿病服務站於 2021 年 4 月 24 日舉行開幕禮。（三〇三區提供）

圖 3.169–3.171　獅子服務日 2017 暨獅子會百年慶服務——對抗糖尿病啟動禮

兒童癌症

根據世界衞生組織的數據，現時每年均有 30 萬宗新增兒童癌症確診個案，患者介乎 0 至 19 歲。[285] 發展中國家兒童癌症患者的死亡率是發達國家的四倍之多。在經濟發展水平較差的國家中，兒童癌症患者有著較低的存活率，往往源於患者未有得到即時診斷、患者無法負擔高昂治療成本而放棄治療，以及醫療人員缺乏足夠培訓等因素。[286] 有見及此，世界衞生組織於 2018 年 9 月制定新指標，目標在 2030 年將全球兒童癌症患者存活率提高至六成，藉以拯救額外 100 多萬人的寶貴生命。通過新的指標，世衞期望能夠提昇各國對兒童癌症的關注及支援，並協助部份有需要的國家為國內兒童患者提供更優質及先進的治療。[287]

兒童癌症也是國際獅子總會一直關注的問題，2017 年時任國際會長 Robert E. Corlew 提出將之列為服務指引之一，號召全球獅友致力改善兒童癌症患者及其家人的生活質素。[288] 國際總會推出「兒童癌症試行撥款計劃」，以獲得政府或兒童癌症慈善團體的合作及協調為前提，向區會提供 1 萬至 15 萬美

285 World Health Organization, *"Global Initiative for Childhood Cancer"*, https://www.who.int/cancer/childhood-cancer/en/#（accessed: March 31, 2021）.

286 Ibid.

287 Ibid.

288〈總監的話之（四）〉，《港澳獅聲》，2017 年 1-2 月，頁 26。

元的資助來改善當地醫療設施、基礎建設及支付患者接受治療間等開支。[289] 2019 年，國際總會與美國德克薩斯州兒童醫院和貝勒醫學院建立合作夥伴關係，展開一項名為 Global Hope 的計劃，努力提高附屬於撒哈拉沙漠的非洲兒童癌症病患的醫護標準。[290] 截至 2020/21 年度，計劃成功治療近 7,500 名兒童及訓練了 1,500 名非洲醫護人員，使他們具備專業知識及技術以處理兒童血液腫瘤護理工作。[291]

儘管香港經濟相當富裕，癌症治療技術、應用，以至醫護人員質素都達到極高水平，但是兒童癌症患者及其家屬在治療過程中面對的困難並未因此而減少。每年，香港新增約 170 名兒童癌症患者；2019 年中，新症患者數目為 194 宗，死亡數目為 26，當中以白血病、腦瘤及淋巴瘤最為常見。[292] 為響應國際總會的號召，三〇三區亦將對抗「兒童癌症」納入為工作重點之一，舉辦多項相關服務，以提高獅友及公眾對兒童癌症的關注。[293] 2019 年 6 月，位於深水埗蘇屋邨的兒童癌病基金獅子

289〈兒童癌症試行撥款計劃〉，國際獅子總會，https://www.lionsclubs.org/zh-hant/start-our-approach/grant-types/cancer-pilot-grant，瀏覽於 2021 年 3 月 31 日。

290〈LCIF 與 Global Hope 的合作：對抗在非洲的兒童癌症〉，國際獅子總會，https://www.lionsclubs.org/zh-hant/give-our-focus-areas/childhood-cancer/lcif-and-global-hope，瀏覽於 2021 年 3 月 31 日。

291 同上。

292〈兒童癌病資訊和數據〉，兒童癌病基金會，https://www.ccf.org.hk/zh-hant/information/childhood_cancer_facts_and_figures/，瀏覽於 2021 年 3 月 31 日。

293〈支援兒童癌症〉，國際獅子總會中國港澳三〇三區，https://www.lionsclubs.org.hk/tc/support_child，瀏覽於 2021 年 3 月 31 日。

會社區服務中心正式投入服務。此服務項目是三〇三區和兒童癌病基金合作的成果，由區會資助興建而基金負責營運，屬於本地少數可在醫院以外為癌症病童及家人提供專業支援的服務機構。[294] 社區服務中心現時致力提供各種持續性的支援服務，包括專業輔導、常規教育、社交康樂活動、體能鍛鍊等服務，讓病童及其家人在抗癌路上得到支持，並提高生活質素。[295]

此外，2018 年 2 月舉行的區會年度「獅子行」以「獅子愛心童樂結伴行」為主題，邀請兒童癌症患者、家屬、康復者，以及幼稚園、小學、初中學生出席，為病童加油打氣。[296] 另外，基於兒童癌症患者發生嚴重眼部併發症的風險比一般孩童高出十倍，區會在同年 6 月首次與香港中文大學眼科及視覺科學學系合作，推行「癌症兒童護眼服務先導計劃」，為 80 名癌症病童驗眼，確保他們的視力不受癌症而影響。[297] 近年，因應新冠肺炎疫情，兒童癌病委員會協助 26 個屬會聯合舉行關注兒童癌病愛心送暖服務，受惠機構包括兒童癌病基金獅子會社區服務中心、生命小戰士及麥當奴叔叔之家，共派發 3,500 個兒童口罩、1,800 個成人口罩及 300 份抗疫物資。[298]

---

294 〈總監的話之（六）〉，《港澳獅聲》，2019 年 5-6 月，頁 21。

295 口述歷史訪問，郭美華女士，2020 年 9 月 15 日。

296 〈支援兒童癌症〉，國際獅子總會中國港澳三〇三區，https://www.lionsclubs.org.hk/tc/support_child，瀏覽於 2021 年 3 月 31 日。

297 〈癌症兒童護眼服務先導計劃〉，《港澳獅聲》，2018 年 7-8 月，頁 30。

298 國際獅子總會中國港澳三〇三區：《王恭浩總監區務工作報告 2019–2020》，頁 9。

圖 3.172　2018 年舉行獅子愛心童樂結伴行（三〇三區提供）

圖 3.173　2018 年癌症兒童護眼服務先導計劃（三〇三區提供）

圖 3.174　兒童癌病委員會協助 26 個屬會聯合舉行關注兒童癌病愛心送暖服務

其他服務的拓展

世界獅子服務日

為了響應國際獅子總會的全球號召，三〇三區每年都舉辦世界獅子服務日，安排各式各樣的志願服務供獅友參加。

1970 至 1980 年代，三〇三區舉辦的世界獅子服務日以紅十字會捐血運動日為主；當時香港血液存量供不應求，紅十字會定期籌辦捐血運動。1977 年，三〇三區號召 25 個屬會參與有關活動；時任總監吳彥男、前總監畢偉文以身作則，帶領其他獅友前往紅十字會血液收集服務中心捐血。運動日結束後，紅十字會總監 Ruth Fraser 致信三〇三區，鳴謝三〇三區踴躍響應捐血服務。[299] 1982 年，三〇三區籌辦捐血救人運動，於中環德忌笠街區會會所內，在紅十字會職員協助和提供設備下籌辦捐血活動。同年 10 月 8 日，時任總監林海涵帶領獅友前往捐血中心一同捐血。事後，三〇三區再次收到 Ruth Fraser 的嘉許，表揚參與捐血活動的獅子會會員「彰顯獅子精神」，

299〈世界獅子服務日獅兄踴躍捐血〉，《港澳獅聲》，1977 年 11 月，頁 3-5。

圖 3.175 及 3.176　紅十字會總監 Ruth Fraser 致信三〇三區，鳴謝三〇三區踴躍響應捐血服務。(《港澳獅聲》，1977 年 11 月，頁 3-5)

同時讚揚三〇三區的貢獻。[300]

　　1990 年代，世界獅子服務日以探訪活動為主，讓獅友到訪及視察曾受區會贊助的服務計劃，並了解歷年來的發展。[301] 例如 1996 年區會安排獅友到訪德仁修女仁愛之家、大口環兒

300〈舉行捐血救人運動〉，《港澳獅聲》，1982 年 7-8 月，頁 17；〈世界獅子服務日〉，《香港工商日報》，1982 年 10 月 17 日。

301〈第二分區獅子服務日〉，《港澳獅聲》，1995 年 11-12 月，頁 64。

圖 3.177　1977 年香港獅子會（主會）前會長費文捐血，旁為前國際理事潘光迴及主會前會長龔甲龍。（《港澳獅聲》1977 年 11 月，頁 3）

圖 3.178　1996 年獅友探訪住院兒童（《港澳獅聲》1996 年 9 月，頁 24-26）

童骨科醫院及健康院、將軍澳獅子會中華基督教青年會青年營、國際獅子會腎病教育中心及研究基金、獅子會職業先修中學等。[302] 每到訪一個服務設施，獅友都把握機會與在場的服務對象作深入交流，包括長者、青少年、病童、病友及其家人，以及員工等，以進一步了解該項服務的意義，並向他們送上關懷和禮包。[303]

302〈世界獅子服務日〉，《港澳獅聲》，1996 年 9 月，頁 24。
303 同上，頁 24-26。

踏入 2000 年，世界獅子服務日除了保留原有的探訪活動，更經常舉辦具特定主題的公眾活動，帶動各種正面社會風氣。2001 年，三〇三區以「濫用藥物遺害深，健康成長齊關心」為世界獅子服務日的主題，通過表演、宣傳刊物、醫生講座及遊戲攤位等方式，告誡公眾切勿吸食毒品。[304] 區會在 2003 年以相近方式籌辦世界獅子服務日，舉行以「攜手同行，跨越視障」為主題的慈善步行及傷健共融嘉年華。[305] 在活動中，約 600 名獅友及青獅、約 500 名來自香港失明人協進會的朋友及義工、以及約 400 名沙田區居民等從沙田中央公園出發步行一小時，為香港失明人協進會籌款以支持其營運經費及添置輔助器材，並宣揚傷健共融的理念。[306] 2014 年，區會以「關懷弱勢扶社群互助互愛展共融」為主題，分別在澳門和深水埗舉行服務日。在澳門，區會召集 4 所學校共 100 名小學生，先登上石排灣自然教育徑，然後到黑沙灣清潔海灘，藉此培育學童保育及愛護環境的意識。[307] 在九龍深水埗，一眾獅友在楓樹街遊樂場舉辦嘉年華會，吸引 1,000 多名居於深水埗的弱勢群體人士，包括長者、青少年及少數族裔人士，從而推廣社區關愛文化。[308]

304〈世界獅子服務日〉，《港澳獅聲》，2002 年 1-2 月，頁 19。
305〈世界獅子服務日〉，《港澳獅聲》，2003 年 9-10 月，頁 20-21。
306 同上。
307 國際獅子總會中國港澳三〇三區：《陳敬德總監區務工作報告 2014-2015》，頁 8。
308 同上。

圖 3.179 及 3.180　2001 年，「濫
用藥物遺害深，健康成長齊關心」。
(《港澳獅聲》2002 年 1 月及 2 月，
頁 19)

圖 3.181–3.183　2003 年舉行「攜手同行．
跨越視障」慈善步行暨傷健共融嘉年華

圖 3.184 及 3.185　2014 年舉行關懷弱勢扶社群互助互愛展共融

救災服務

　　除了維持各種常規服務外，三〇三區亦對天災及瘟疫之類的突發性災難事件，作出緊急應對及支援。2003 年，正值非典型肺炎肆虐香港，三〇三區透過舉辦「對抗非典型肺炎」活動，作出一系列應對措施，包括協助清洗街道、派發消毒劑、向醫護人員送上心意卡及醫療物資，以激勵醫護人員的士氣和提高全港市民的抗疫意識。[309] 2020 年，香港面對新型冠狀病毒的肆虐，三〇三區搜購超過 200 萬個口罩，轉贈給因經濟能力有限而無法購買口罩的基層人士。[310]

圖 3.186　2003 年三〇三區協助清洗街道。（三〇三區提供）

309〈全城清潔抗炎大行動〉，《港澳獅聲》，2003 年 3-4 月，頁 26-27；〈送贈保護衣物予醫護人員抗炎〉，《港澳獅聲》，2003 年 5-6 月，頁 10；〈分派消毒劑活動〉，《港澳獅聲》，2003 年 5-6 月，頁 12。
310〈總監的話（四）〉，《港澳獅聲》，2020 年 1-2 月，頁 18。

圖 3.187 及 3.188　2003 年三〇三區向醫護人員送上心意卡及醫療物資（前國際理事文錦歡提供）

圖 3.189　2020 年三〇三區派發抗疫物資（三〇三區提供）

　　就救災工作而言，三〇三區同樣關心香港境外的國家及地區，尤其中國內地；每當內地發生大型天災，都會即時發起籌款行動，迅速將物資送到災民手上。1990 年代，中國發生數場大規模水災及地震，分別有 1991 年的華東水災、1994 年的華南水災、1996 年的雲南地震、1998 年的河北地震等，對當

地構成難以估計的經濟損失及人命傷亡。[311] 三〇三區在多次賑災籌款活動中都順利籌得 50 萬以上的善款，用以購買救援物資供災民應急之用；當中以 1994 年華南水災籌得的 531 萬善款為最高紀錄。[312] 救援工作固然爭分奪秒，但後續的重建工作同樣重要，三〇三區一直持續關注災區重建事宜。1998 年，中國經歷河北地震後，隨即又面對史無前例的大規模水災，使 1.5 億人流離失所。[313] 時任國際會長 Kajit Habanananda 視察災區後萌生興建「模範村」的念頭，不單主動與中方商討及協調，更捐出 20 萬美元作興建資金。[314] 其後，三〇三區捐出 5 萬美元，並發起目標 1.5 億港元的募捐行動以全力支持在河北武漢興建「模範村」的計劃。[315] 最終，計劃成功興建「獅子村」，配合足以安置 600 人的房屋、城鎮廣場及小學，不單逐步支援當地重新發展，更標誌中國與國際獅子總會友誼的建立。[316] 2014 年，雲南魯甸發生地震，三〇三區捐助 20 萬港元，透過深圳獅子會代為購買包括大米及副食品等物資，然後

311 〈華東水災賑災籌款運動報告書〉，《港澳獅聲》，1991 年 12 月，頁 19-21；〈Seminar for South China Flood Disaster Relief Scheme〉，《港澳獅聲》，1994 年 11 月，頁 34-35；〈港澳獅友齊捐輸，五十萬善款表關懷〉，《港澳獅聲》，1996 年 3-4 月，頁 38；〈封面主題：三〇三區賑濟河北災民〉，《港澳獅聲》，1998 年 1-2 月，頁 26-27。

312 〈Seminar for South China Flood Disaster Relief Scheme〉，《港澳獅聲》，1994 年 11 月，頁 34-35。

313 〈災後重建「獅子村」〉，《港澳獅聲》，1991 年 1-2 月，頁 21-22。

314 同上。

315 同上。

316 同上。

圖 3.190　1991 年三〇三區舉行華東賑災
義賣日（三〇三區提供）

圖 3.191　1994 年行區華南賑災滙報
及嘉許大會（《港澳獅聲》1994 年 11 月，頁
34）

圖 3.192　1996 年三〇三區關注雲南地震
（1996《港澳獅聲》1996 年 3 月及 4 月，
頁 39）

圖 3.193　1998 年三〇三區在湖北武漢興建模
範村（《港澳獅聲》1999 年 1 月及 2 月，頁
21-22）

用上 30 多小時車程把救濟物資運往災區賑災；其後更撥出 10
萬港元作災區重建之用。[317]

---

317 國際獅子總會中國港澳三〇三區：《陳敬德總監區務工作報告 2014-2015》，頁 12。

另外，香港及澳門近年夏季多次受到大型颱風吹襲，造成人命傷亡及財物損失；其中發生於 2017 年 8 月的天鴿風災最為嚴重，對澳門構成巨大破壞。風災發生後，三〇三區全體獅友加入救災行動。香港方面，前總監馮妙雲、前總監馮炳壽及獅友陸嘉暉迅速購入救災物資並運送到澳門，以供災民及救援人員之用。澳門方面，當地的獅友除了積極運送救援物資，又協助政府清理街道。[318]

肝炎

1990 年代，鑑於公眾對肝炎認識不足，三〇三區時任總監梁樹賢委託獅友譚華正（獅子山獅子會、葵青獅子會及環球獅子會創會會長）統籌及舉辦「預防肝炎教育圖片展覽」，藉以教育大眾市民有關肝炎感染成因、後果及預防方法。[319] 香港最常見的肝炎分為兩種——甲型肝炎及乙型肝炎。甲型肝炎主要經進食不潔食物而感染，尤其是貝殼類海產。[320] 按當時情況而言，香港 40 歲以上的人口中有約八成曾受甲型肝炎感染，反映此病與絕大多數港人息息相關，必需提醒市民注意食物衛生及安全。[321] 乙型肝炎主要經母親傳染給嬰兒、血液接

---

318 國際獅子總會中國港澳三〇三區：《陳立德總監區務工作報告 2017-2018》，頁 31。

319 〈預防肝炎教育圖片展覽〉，《港澳獅聲》，1995 年 7-8 月，頁 46；〈預防肝炎教育圖片展覽〉，《港澳獅聲》，1998 年 5-6 月，頁 25。

320 〈預防肝炎教育圖片展覽〉，《港澳獅聲》，1998 年 5-6 月，頁 25。

321 〈預防肝炎教育圖片展覽〉，《港澳獅聲》，1995 年 7-8 月，頁 46。

圖 3.194　三〇三區舉辦不同類型的講座,圖為預防肝炎教育圖片展覽。(三〇三區提供)

觸及性接觸三種途徑傳染,並有機會惡化成肝硬化及肝癌,對患者健康構成嚴重不良影響。[322] 當時全港有一半人口曾感染乙型肝炎,當中一成是帶病毒者。為了預防乙型肝炎,市民可以接種疫苗,或避免接觸他人的血液及拒絕性濫交。[323] 1995 至 2007 年期間,三〇三區在全港各地多次舉辦「預防肝炎教育圖片展覽」,並同場派發預防肝炎小冊子,提醒市民注意肝臟健康。[324] 有關展覽更衝出香港,曾經在澳門、深圳、廣東、北

322 同上。

323 同上。

324〈首次於九龍公園舉行「預防肝炎教育圖片展覽」〉,《港澳獅聲》,2002 年 11-12 月,頁 23;國際獅子總會中國港澳三〇三區:《文錦歡總監區務工作報告 2002-2003》,2003 年,頁 18;《陳東岳總監區務工作報告 2003-2004》,頁 12;《呂潤棻總監區務工作報告 2006-2007》,頁 16。

京展出，使更多人注意肝炎的成因及禍害。[325] 2017 年，區會
預防肝炎教育委員會與香港肝壽基金聯合舉辦「守護您的肝」
健康講座，邀請了腸胃肝臟科專科醫生向獅友講解肝臟的各種
功能及各類肝臟疾病及治療進展，為日後舉辦預防肝炎的活動
提供更多新資訊。[326]

愛滋病

1993 年，獅友陳立志（後任 1997/98 總監）連同其他成
員，包括來自醫務衛生署的李瑞山教授，成立愛滋病關注小
組。[327] 經過一年的努力，關注小組成功制定「香港社群愛滋病
關注約章計劃」，更得到時任港督彭定康擔任贊助人，哈佛大
學愛滋病學院麥恩教授為名譽顧問，成立香港社群約章籌委
會以推廣相關計劃。[328] 計劃目的在於提高僱主及僱員對愛滋病
的關注及鼓勵在工作場所實施不歧視政策。[329] 最終在愛滋病關
注小組及籌委會推動下，三〇三區與香港政府醫務衛生署於
1994 年 12 月聯合舉辦《香港社群愛滋病關注約章》簽署儀

325〈首次於九龍公園舉行「預防肝炎教育圖片展覽」〉，《港澳獅聲》，2002 年 11-12
　月，頁 23。
326 國際獅子總會中國港澳三〇三區：《馮妙雲總監區務工作報告 2016-2017》，頁 7。
327〈專訊—香港社群愛滋病關注約章首次簽署儀式〉，《港澳獅聲》，1995 年 1-2 月，
　頁 35。
328 同上。
329 同上。

式，以香港政府為首，聯同香港明愛中心、香港天主教教育委員會、香港總商會、香港商業電台、廣九地鐵服務公司、AETNA 等七大機構聯署約章，表示支持「愛滋病零歧視」的精神。[330] 及後，香港社群約章籌委會寄出 2,000 封信給香港各間公司及機構，邀請他們參與計劃。[331]

2004 年 12 月 1 日，適逢世界愛滋病日，三〇三區成立的愛滋病警覺委員會舉辦「愛滋宣言」活動，派發安全套、預防愛滋小冊子，並展出十個教育訊息的展板。[332] 該會希望能夠提高社會大眾對愛滋病的關注，以預測愛滋病的傳播，明白正確使用安全套的重要性，及關懷愛滋病患者。[333] 2002 年至 2003 年期間，在前總監陳立志的統籌下，區會聯同紅絲帶中心和聯合國愛滋病規劃署合作中心舉辦了多場「獅子會紅絲帶學人」研討會。[334] 2004 年，區會亦贊助了 8 位中國的紅絲帶學人到港交流防治愛滋病，把香港的相關工作經驗帶回中國內地，以提高當地防治愛滋病的效能。[335]

330 〈獅子總會港澳 303 區、香港政府醫務衛生署聯合簽署大行動〉，《港澳獅聲》，1995 年 7-8 月，頁 34。

331 〈專訊──香港社群愛滋病關注約章首次簽署儀式〉，《港澳獅聲》，1995 年 1-2 月，頁 35。

332 〈愛滋病警覺委員會報告〉，《港澳獅聲》，2005 年 1-2 月，頁 20。

333 同上。

334 國際獅子總會中國港澳三〇三區：《文錦歡總監區務工作報告 2002-2003》，頁 17。

335 國際獅子總會中國港澳三〇三區：《陳東岳總監區務工作報告 2003-2004》，頁 12。

圖 3.195　1994 年香港社群關注愛滋病約章推展暨簽署儀式（三〇三區提供）

圖 3.196　1994 年香港社群關注愛滋病約章（《港澳獅聲》1995 年 7 月，頁 34）

圖 3.197　2004 年三〇三區舉辦紅絲帶學人研討會（三〇三區提供）

失聰人士及肢體傷殘人士服務

三〇三區早於 1970 年代中已高度關注失聰人士的權益，著力為他們爭取更優質的勞工福利、待遇及生活水平，並先後在 1976 年捐款 12 萬港元予香港聾人服務中心及 1978 年捐贈 15 萬港元給九龍聾人服務中心。[336] 區會對聾人的幫助並不局限於經濟支援，不少獅友加入聾人服務相關的機構或小組，親身理解失聰人士的實際需求及苦況，從而為聾人提供更合適及有用的服務和支援。例如前總監潘光迥、畢偉文、李國賢加入聾人服務中心為委員。[337] 當時，前總監李國賢不單擔任區會內「聽力言語障礙福祉組」主席，更身兼 1968 年創立的香港聾人福利促進會的主席，兩者之間保持緊密合作關係。[338] 此外，獅友水啟寧出任區會內「聽覺保護及聾人福利工作小組」主席；在任內他提出資助清貧失聰兒童接受幼兒讀唇訓練、添置相關訓練儀器、呼籲電視節目加插字幕、聘用聾人服務中心的研究員及輔導員等，每項提議都是經細心觀察所得出的結果。[339]

此外，三〇三區亦不時為聾人舉辦各類型活動及服務。1980 年代，獅友曾經探訪香港獅子主會聾人福利中心、大角咀啟聾學校、九龍獅子會聾人福利中心等，與在場的失聰人士

336〈聽覺保護及聾人福利工作在香港〉，《港澳獅聲》，1981 年 9 月，頁 22。
337 同上。
338〈聽覺的保護 為聾人服務〉，《港澳獅聲》，1986 年 7 月，頁 30。
339〈聽覺保護及聾人福利工作在香港〉，《港澳獅聲》，1981 年 9 月，頁 22-23。

圖 3.198　失聰兒童學習手語（三〇三區提供）

交流；其間有聾人中心讚揚區會的經費贊助，對聘請導師及
購買科學儀器以培訓失聰兒童非常重要。[340] 另外，區會於 1981
年及 1982 年贊助舉辦聾人合家群英會，藉此機會讓過百名失
聰人士及其家人共聚一起，欣賞表演、享用美食、使用場內提
供的運動設施，渡過歡樂精彩的一天。[341]

　　到了 1990 年代獅子會自然教育中心啟用後，三〇三區推
出一項新服務計劃，為失聰人士提供職業培訓及就業機會。
1993 年，區會與由前國際理事李國賢帶領的香港聾人福利促進

340〈盡力贊助採用最新儀器助聾人聽聰服務〉,《港澳獅聲》, 1981 年 3 月，頁 15;〈世
　　界獅子服務日探訪「仁愛之家、及「獅子會九龍聾人中心」〉,《港澳獅聲》, 1986
　　年 12 月，頁 18。
341〈贊助 HK$25,600 與香港聾人福利會舉辦聾人合家群英會〉,《港澳獅聲》, 1982 年
　　9 月，頁 17。

圖 3.199　1986 年女獅探訪獅子會九龍聾人中心（《港澳獅聲》1986 年 12 月，頁 18）

圖 3.200　1986 年獅友巡視獅子會九龍聾人中心（《港澳獅聲》1986 年 12 月，頁 18）

圖 3.201　1986 年，香港聾人福利促進會主席李國賢為獅友講解該中心的服務工作。（《港澳獅聲》1986 年 12 月，頁 18）

圖 3.202　1982 年舉行的聾人合家群英會（《港澳獅聲》1982 年 9 月，頁 17）

會合作，在園內設立聰鳴茶座；安排失聰人士接受廚藝及飲食行業服務訓練，然後投入工作為參觀者提供餐飲服務。[342] 同時，三〇三區更贊助福利促進會 140 萬港元作樓宇改建用途，並免

342〈獅子會自然教育中心之聰鳴茶座〉，《港澳獅聲》，1997 年 7 月，頁 28。

圖 3.203　聰鳴茶座（三〇三區提供）

除常規租金，使這項促進傷健共融的服務得以延續下去。[343]

　　邁進 21 世紀，三〇三區舉辦了不同類型活動，持續推動傷健共融及改善傷殘人士的生活狀況。2003 年，區會舉行獅子行「傷健一齊行」，從香港山頂廣場出發，目的為區會聯合服務基金籌款舉辦活動和救世軍籌募經費以推展『傷健人士職業訓練』服務。[344] 當日更安排約 50 位傷健或智障人士參與步行，並分別與區合唱團及區話劇團合作表演，藉以宣揚傷健共融和互相關懷的訊息。[345] 2016 年，區會透過「同行跨障礙 關愛見未來」二人三足服務，讓參加者體驗身體的動作協調困難所帶來的不便，學習互相尊重、欣賞和勉勵，體現傷健共融的價值。[346]

343〈獅子會自然教育中心善長芳名牌匾揭幕暨聰鳴茶座奠基典禮〉，《港澳獅聲》，1993　　年 7 月，頁 32-33；〈聰鳴茶座〉，《港澳獅聲》，1995 年 7 月，頁 48-49。
344 國際獅子總會中國港澳三〇三區：《文錦歡總監區務工作報告 2002-2003》，頁 11。
345 同上。
346 國際獅子總會中國港澳三〇三區：《馮妙雲總監區務工作報告 2018-19》，頁 5。

圖 3.204–3.206　2003 年舉行的獅子行「傷健一齊行」（三〇三區提供）

圖 3.207–3.211　2016/17 年度三〇三區籌辦二人三足慈善行（《馮妙雲總監工作報告 2016/17》，頁 5；三〇三區提供）

姊妹學校計劃

　　1981 年，為響應「國際傷殘人士年」，三〇三區與教育司署聯合倡導「獅子會姊妹學校計劃」，鼓勵特殊學校學童與普通學校學生建立友誼，推動兒童與大眾社會的結合，以達致「傷健共融」的理念。[347]

　　此項服務計劃安排三〇三區與屬會贊助教育司署管轄的 60 所特殊學校，包括視障、聽障、智障、肢體殘障、群育及醫院學校，與普通學校配對，建立「姊妹聯盟」。聯盟的兩校成立姊妹學校委員會，由雙方學校的老師及學生代表參加，參照學校及社會的需要，透過舉辦各類社會、康樂及教育的活動，讓雙方學校學生能互相了解及建立友誼，從而增強特殊學童融入社會的能力，亦令普通學童與不同能力及不同需要的朋輩相處。[348] 該服務計劃原定為期一年，推行後因成效顯著，自此成為永久性計劃。1997 年，三〇三區正式負責全面推行計劃。

　　1980 年代，三〇三區推動政府開放社會福利和設施予傷殘人士[349]；籌辦傷健同樂日，舉行獅子會姊妹學校計劃暨頒

347〈獅子會撥款倡導姊妹學校計劃〉，《華僑日報》，1981 年 3 月 24 日。

348 國際獅子總會中國港澳三〇三區：《姊妹學校計劃傷健攜手顯才能 —— 畫出您我展共融》（香港：國際獅子總會中國港澳三〇三區，2013 年）；〈獅子會撥款倡導姊妹學校計劃〉，《華僑日報》，1981 年 3 月 24 日；〈獅子會響應傷殘人士年展開姊妹學校計劃〉，《華僑日報》，1981 年 5 月 19 日。

349〈社論：我們做對了〉，《香港獅聲》，1981 年 5 月，頁 3。

親恩嘉年華會 [350]；區會亦捐款予計劃，舉行支票致贈儀式。[351] 2008/09 年度，姊妹學校計劃共資助 42 所特殊學校及 62 所普通學校，組織舉辦超過 165 項活動。[352] 2019 年，區會通過此服務計劃，為 50 所香港特殊教育學校及 2 所澳門特殊學校提供合共 26 萬港元資助，以舉辦共融活動之用。[353] 2019 年度的活動主題為「我的七彩白飯魚」，讓傷健學童合力用七彩顏料在白帆布鞋畫上喜愛的圖案，並鼓勵他們於活動的閉幕禮嘉年華會當日穿上自己創作的白帆布鞋參與遊戲，增強傷健學童的溝通並建立彼此之間的互信及合作。[354]

圖 3.212　1983 年，在特殊教育中心舉行的典禮中，時任總監畢禹徵主持姊妹學校計劃的剪綵儀式。（《港澳獅聲》1983 年 9 月，頁 4）

350〈姊妹學校計劃暨頌親恩嘉年華會〉，《港澳獅聲》，2000 年 3-4 月，頁 21。
351〈總監的心聲〉，《港澳獅聲》，2005 年 5 月，頁 8。
352〈陳毅生總監的話〉，《港澳獅聲》，2010 年 1-2 月，頁 14。
353 國際獅子總會中國港澳三〇三區：《郭美華總監區務工作報告 2018-2019》，頁 10。
354 同上。

圖 3.213　1983 年，姊妹學校計劃開幕剪綵儀式。左起時任副總監甯德臻、服務計劃組主席劉邦、教育署助理署長梁仕光、時任總監畢禹徵、康樂文化署助理署長容德根、服務計劃組主席吳彥男、上屆總監林海涵。（《港澳獅聲》1983 年 11 月，頁 15）

圖 3.214　1983 年，時任總監畢禹徵接受傷殘兒童贈旗。（《港澳獅聲》1983 年 11 月，頁 16）

圖 3.215　1991/92 年度，姊妹學校計劃支票遞交儀式暨自然生態環境學習日開幕典禮。（三○三區提供）

圖 3.216 1996 年，時任總監霍君榮
與助理教育署長何子樑。（《港澳獅聲》
1996 年 7 月及 8 月，頁 34）

圖 3.217 2001 年，獅友參與傷健人
士之競技遊戲。（《港澳獅聲》2001 年
3 月）

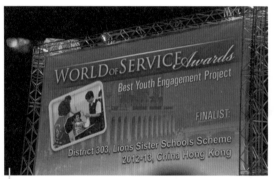

圖 3.218 2012/13 年度，三〇三區姊妹學校計劃榮獲世界服務獎。
（三〇三區提供）

圖 3.219 右二為 2012/13 年度總監林德銘（三〇三區提供）

和平海報設計比賽

　　第一屆國際和平海報設計比賽是由國際獅子總會在 1988 年 3 月 12 日舉行的聯合國獅子日發起。[355] 過往的 30 多年，總會呼籲世界各地的獅子會贊助學校籌辦國際和平海報比賽，受眾目標為青少年。比賽的目的是讓青年創造和平海報予世界各地兒童，以表達和平的遠景，並透過藝術和創造力來啟發世界。[356] 以 1989 年為例，當時共有逾 10,000 名參賽者，勝出者為一位年約 13 歲，來自戰亂的黎巴嫩貝魯特。勝出畫作名為「和平幫助我們成長」，正是作者與母親前往美國紐約尋找新生活的寫照。

　　自 1989 年起，三〇三區開始在本區舉辦，公益少年團協辦和平海報設計比賽[357]，將三〇三區的冠軍作品送交國際總會參賽，距今已有超過 30 年的歷史；期間來自香港的青少年參賽者曾兩度獲得國際和平海報比賽的冠軍。2001/02 年度，在香港加華獅子會的贊助下，13 歲的劉希文以「照亮通往世界和平的小徑」畫作奪冠[358]；2004/05 年度，由香港華都獅子會贊

355〈和平海報設計比賽「繪畫一個和平的世界」〉，《港澳獅聲》，1990 年 2 月，頁 27。

356〈和平海報設計比賽〉，國際獅子總會中國港澳三〇三區，https://www.lionsclubs.org.hk/tc/page/name/peace_poster，瀏覽於 2021 年 3 月 31。

357〈District Governor's Interim Report〉，《港澳獅聲》，1999 年 5-6 月，頁 18。

358〈港澳三〇三區勇奪殊榮第十四屆和平海報設計比賽 2001-2002 榮獲國際獅子總會最高榮譽大獎〉，《港澳獅聲》，2002 年 1-2 月，頁 18。

圖 3.220 「照亮通往世界和平的小徑」
（2001/02 年度）
https://www.lionsclubs.org/zh-hant/start-our-approach/youth/peace-poster/grand-prize-winners

助，12 歲的李卓達以「給和平一個機會」的畫作獲獎。[359] 直至近年，和平海報設計比賽依然廣受初中學生歡迎，報名反應熱烈；2014 年和 2016 年分別收得超過 1,000 份及超過 800 份參賽畫作。[360] 當中三〇三區的優勝作品成功從全球數十萬參賽作品中突圍而出，獲得國際總會授予優異獎，肯定了本地學生的優秀美術實力。[361] 2020/21 年度，來自 50 個國家，60 萬位學生，參與第 33 屆獅子會國際和平海報比賽，芸芸作品中，約

359 〈和平海報比賽大獎得主〉，國際獅子總會，https://www.lionsclubs.org/zh-hant/start-our-approach/youth/peace-poster/grand-prize-winners，瀏覽於 2021 年 3 月 31；〈第十七屆「和平海報設計」比賽 本區作品再度獲全球總冠軍〉，《港澳獅聲》，2005 年 3-4 月，頁 24-25。

360 國際獅子總會中國港澳三〇三區：《陳敬德總監區務工作報告 2014-2015》，頁 11；《馮妙雲總監區務工作報告 2016-2017》，頁 7。

361 國際獅子總會中國港澳三〇三區：《林德銘總監區務工作報告 2012-2013》，頁 8；《馮妙雲總監區務工作報告 2016-2017》，頁 7。

有 110 份作品入選國際評審，按創意、原創力及對今年比賽主題以「服務創和平」的標準，選出 23 幅國際佳作獎，由筆架山獅子會贊助、13 歲的范皓晴的參賽作品是 23 位佳作獎的其中一位。

圖 3.221 及 3.222　全體嘉賓及得獎同學劉希文合照（《港澳獅聲》2002 年 3 月及 4 月，頁 16）

圖 3.223　2001/02 年度和平海報設計比賽（三○三區提供）

圖 3.224 「給和平一個機會」（2004/05
年度）
（https://www.lionsclubs.org/zh-hant/
start-our-approach/youth/peace-
poster/grand-prize-winners）

圖 3.225 及 3.226　全體嘉賓及得獎同學李
卓達合照（《港澳獅聲》2002 年 1 月及 2
月，頁 18）

圖 3.227 「以服務創和平」
（2020/21 年度）

公益少年團

公益少年團（Community Youth Club）的成立，源於
1974 年清潔香港運動中所設立的少清隊。青少年學生踴躍參
與各項清潔工作，有感於服務參與未能發揮青少年的潛能，遂
決定將活動範圍擴及多方面的社區服務，提升德育訓練及公
民教育；經歷籌備多時，公益少年團就此誕生。[362]1976/77 年
度，三〇三區捐贈 25 萬港元予教育司署，推展培育良好公民
的計劃—公益少年團[363]，讓青少年認識社會，關心社群、了解
各社會問題、參與各項社區服務計劃、與各公民團體共同致力
於社區服務工作。[364] 該計劃在成立之後由政府負責資助參加計
劃的少年學生各項費用。[365]

成立初期，推展的服務項目以清潔為主題，首項最具規模
的服務是與市政局、市政事務處衛生教育組及政府新聞處共
同籌辦，為「清潔海灘及郊區」攤位設計比賽展覽。[366]1970 至
1990 年代，三〇三區為公益少年團提供指導和給予經費上的

362〈公益少年團簡介〉，《公益少年團十五週年紀念特刊》，頁 12。

363 畢偉文編：《香港獅子運動二十五年之成長過程》，頁 71；〈教育司署策動設立中小
　　學公益少年團〉，《華僑日報》，1977 年 11 月 21 日。

364〈公益少年團——獅子會贊助 25 萬元之計劃〉，《港澳獅聲》，1977 年 10 月，頁
　　69。

365〈公益少年團運動在邁進中〉，《港澳獅聲》，1978 年 3 月，頁 8；〈公益少年團〉，《香
　　港工商日報》，1977 年 11 月 21 日；〈公益少年團〉，《華僑日報》，1977 年 12 月
　　2 日。

366〈公益少年團簡介〉，《公益少年團十五週年紀念特刊》，頁 13。

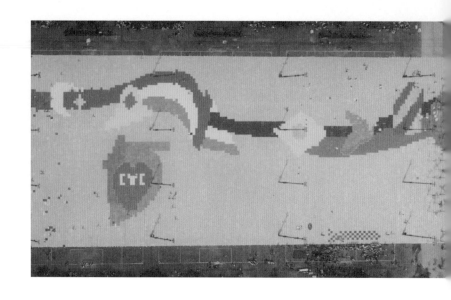

支持，合辦的服務項目計有：獅子會姊妹學校計劃、和平海報
設計比賽、國際獅子會香港中學交誼計劃、服務社團傑出學生
獎勵計劃及活學英語寫作比賽；亦為其他公益少年團服務計劃
提供資助，如公益少年團協護郊野公園計劃、學藝嘉年華會及
閱讀獎勵計劃。[367] 此外，公益少年團曾舉辦慈善運動，籌得 17
萬港元捐贈香港公益金。團員亦定期探訪老人院、舉行論文比
賽、公益少年團辯論會、領袖訓練營、協助各項體育文化活
動、訪問政府各公眾、文化及教育機構。[368]

367〈公益少年團與國際獅子總會港澳三〇三區的聯繫〉，《公益少年團十五週年紀念特
　　刊》，頁 16。
368〈公益少年團〉，《港澳獅聲》，1983 年 10 月，頁 9。

圖 3.228　1993 年公益少年團海報列入健力士大全（三〇三區提供）

圖 3.229　公益少年團參與清潔香港運動（三〇三區提供）

圖 3.230　大埔區公益少年團探訪老人院

第四章

獅友回眸：
甲子歲月獻社群

CHAPTER 4

梁禮賢（2020/21 年度總監）
承傳區會歷史　鞏固地標建設

圖 4.1　梁禮賢

　　對梁禮賢而言，參與義務工作是生活的重要一部分。求學時期開始，至今未曾間斷參與社會義務服務。初中時期，梁禮賢原打算找一份普通暑期工鍛鍊自我，但母親希望學習更多不同範疇，於是改為參與社會服務。由中學三年級開始，他先後參與不同類型的服務團體，包括香港小童群益會、香港遊樂場協會、香港基督教服務處等。大學時期，他曾為樂施會服務。通過這些不同類型的基礎服務經歷和經驗，豐富了他的學生時期，亦是日後繼續服務社會的動力和基礎。

　　畢業成為醫生後，更加積極用心參與社會服務，除了獅子會外，目前也擔任香港殘疾人奧運會暨傷殘人士體育協會副主席、亞洲殘奧會醫學及運動科學委員會委員、醫療輔助隊第五級長官及數所學校的校董。

　　2012 年，經中學校友引薦，梁禮賢成為香港百俊獅子會會員，自此開啟他服務社會的新一頁。參與其中後，發覺獅子

會是一個服務多樣化，國際化，與時俱進的團體。獅子會有一名言：Where there's a need，there's a Lion 在他的心中留下了深刻的印象；獅子會成員如電影中的英雄俠士，只要有需要的地方，獅友就義無反顧前往協助。

在香港百俊獅子會擔任 2015/16 年度會長所推行的「繪出地平綫」服務，充分展現獅子會多變而反應迅速的服務精神，即是 Where there's a need, there's a Lion。那一年，小學生跳樓自殺的個案急增，香港教育界尚未開發涉及生命教育的資源，社會一時難以應對問題。有見及此，梁禮賢立即與香港中文大學心理學系和小學校長合作製作教材套裝，教育小學生適應逆境的技巧。教材套推出後成效立竿見影，當年度獲教育局嘉許之餘，該服務計劃亦獲得該年度三〇三區最傑出服務獎。

梁禮賢的獅子會歷程豐富多彩。他於 2014/15 年度擔任香港百俊獅子會第一副會長，其後晉升為會長。2016 年起，他擔任獅子會教育基金理事、賑災及災後關注委員會副主席和獅子會青年交流基金理事。2018/19 年度擔任三〇三區第二副總監，2019/20 年度為三〇三區第一副總監，今年度更獲選為區總監。除了身居要職，他在 2017/18 年度亦參與國際獅子總會資深獅友領導學院培訓，更多次參加東南亞獅子年會和國際獅子年會。在服務社會的路上，儘管梁禮賢可說是身經百戰，然而在獅子會總監任內仍少不免遇到挑戰：首先是要維持區會會員之間的和諧，另外就是在有限資源下，決定投放於最有影響

圖 4.2　梁禮賢與本書作者合照

力的社會服務。幸運地,他之前一路不間斷地參與社會服務,積累了不少實用的經驗,深明服務團體在有限資源的情況下運作的竅門。他提出「小蟻搬大山」的策略,認為總監必須以有限的資金資源下盡力做出優質的服務,例如獅子會流動捐血車就是其中善用活用資源於優質服務的好例子。捐血車雖然要投放巨額資金,但計算每年平均耗損值後,仍然是一項高效益,高質量,高服務滲透的服務項目;捐血車四處移動的優點,有助提升獅子會的聲望和知名度,為獅子會為基層增添不可估量的無形回報。除了捐血車之外,梁禮賢亦於這幾年協助及籌建數個地標項目,計有兒童癌病基金獅子會社區服務中心、明專獅子會糖尿病服務站及瑪利灣學校視藝室的建設,讓服務受惠層面更廣泛。

　　展望未來,梁禮賢矢言希望將三〇三區的定位回復到以前

獅子會在香港及澳門的地位、聲望和影響力，令每位獅友都能「以獅為傲」，以獅子精神貢獻社會。

譚榮根（1990/91 年度總監、2011/12 年度國際獅子總會會長）
榮登國際會長　開創華人先河

　　1955 年，5 歲的譚榮根跟隨父母從中國內地移居香港。面對新環境，譚榮根憑著不屈的精神和父母的教誨，培育出好學拼搏的精神；他既努力讀書，亦在課餘兼職幫補家計。學成之後譚榮根投身航空運輸業，20 歲時被公司派駐美國學習營商，開始接觸西方文化，為他日後的發展打好基礎。

　　1981 年是影響譚榮根一生的關鍵年份，這一年他創業、結婚、加入獅子會。

　　譚榮根與獅子會的緣份，源自他對生意夥伴西裝上 L 字形狀胸針的好奇。因為這份好奇加上他對獅子會服務的認識，譚榮根在朋友的邀請下加入剛成立的金馬倫山獅子會，成為屬會中年齡最輕的成員。在創會會長和其他會員的照顧下，譚榮根

迅即體會到獅子會的「四出精神」——出錢、出心、出力、出席。他在屬會舉辦的首次活動中，看到長者對獅子會會員的真摯感激，使他畢生難忘，也在他心中確立了獅子會服務的意義及重要性。

1980 年代的香港前途未卜，譚榮根在移民潮中遇上難得的機會，填補了屬會第三任會長的空缺。儘管資歷尚淺，但他勇於挑戰，並堅持「做實事，拼成績」，結果成功與香港電台合辦「世界通訊音樂會」，邀請包括喜多郎在內的著名歌星獻唱，為中文大學及浸會學院籌得 10 萬港元。這次的初試啼聲為譚榮根打開一條光明的獅路，他其後輾轉出任分域主席、多個區會小組主席，以及 1989 年區年會之夜主席，並獲當屆區總監范佐浩的邀請擔任副總監。在副總監任內，譚榮根肩負籌備獅子會自然教育中心的重任，在香港前途不明朗的氛圍下，籌款極度困難；譚榮根成功說服一眾前總監及會員藉籌辦這項目以表達三〇三區對香港前途的信心；結果如願籌得巨額資金完成任務。

1990 年 9 月，譚榮根眾望所歸，獲選為獅子會 303 區第 31 屆總監。他提出「獅子精神，服務社群」的主題，希望為香港的未來謀取更大幸福。在他的帶領下，區會的服務計劃刷新多項記錄。綜觀全年的服務工作，他對籌募獅子會自然教育基金、獅子會腎病研究及教育中心及競投並成功舉辦世界獅子年會最感自豪，認為這三項工作最能表達獅子會 303 區對香

港未來的關注及信心。

競投及主辦 1992 年世界獅子年會，是譚榮根向世界展示香港持續安定繁榮的重要舉措。在成功取得主辦權的過程中，譚榮根在國際總會內建立了人脈，他的才能和毅力也備受肯定，促使他後來獲邀參與多項國際總會的全球性服務計劃。其中「視覺第一」為國際總會全球防盲治盲重點項目之一，譚榮根獲國際總會委任為「視覺第一」項目其中一位遠東及東南亞區籌款人，此外，譚榮根亦積極將「視覺第一」項目的服務範圍擴展至獅子會從未涉足的中國，為行動帶來嶄新的方向。

1993 年，在新華社的協助下，譚榮根與人大副委員長吳階平、中國衛生部部長陳敏章及中國殘疾人聯合會主席鄧樸方等商議開拓及推動「視覺第一‧中國行動」在中國的防盲治盲工作，估計所需經費將高達 1,500 萬美元。譚榮根雖然知道國際獅子總會最大的撥款額只有 200 萬美元，但為了改善中國內地的困境及實現真正全球治盲，他積極向國際總會、世界衛生組織防盲治盲小組、著名美國大學眼科教授等解釋「視覺第一‧中國行動」在中國的必要性，並且提出 1,500 萬美元的撥款申請。國際總會雖然為這天文數字感到錯愕，但最終認同譚榮根的理念而批准申請。1997 年 8 月 27 日，國際獅子總會與中國政府於北京人民大會堂簽訂合作協議，「視覺第一‧中國行動」正式展開。這是國際總會和三〇三區空前重大的成就，項目 1、2 期為中國內地 520 萬人完成白內障手術，項目發展

圖 4.4 　譚榮根與本書作者合照

至今已踏入第 4 期，總撥款額達 4,000 萬元，不單解決了中國眼疾嚴重的問題，為全球防盲治盲的工作帶來突破性的進展，更為獅子會踏足中國建立了穩固的基礎。中國獅子會成立之後，譚榮根亦經常與范佐浩及其他香港獅友到內地為中國獅子會會員培訓，得到中國獅子會之父的美譽。

自 1992 年起，譚榮根在國際總會理事會多次擔任委任理事一職，並逐漸建立更高的知名度。他在 2003 至 2005 年獲選為國際理事，2009 年譚榮根以豐富的資歷及驕人的功績從紐西蘭、美國、印度、日本的候選人中突圍而出，獲選為國際第二副會長，2010 年晉升為國際第一副會長。2011 至 2012 年譚榮根出任國際總會首位華人總會長。

作為第 94 屆國際總會長，譚榮根提出 I Believe（我相信）為口號，呼籲會員以勇氣、忠誠、行動挑戰看似不可能的目

標，強化人對目標的忠誠，並通過行動將目標付諸實踐。在他的帶領下，國際總會推動了三大目標：一，鼓勵會員把大家當家人看待，強化彼此間的連繫；二，服務再創高峰，挑戰全球植樹 100 萬棵（最終全球獅友共植樹 1,700 萬棵）；三，孕育未來，培養年輕人及青獅。

努力、毅力、機智、機遇、合群、合作，這些都是譚榮根成功背後的關鍵詞。獅子會是譚榮根人生路上的傳奇，譚榮根也是獅子會發展歷程上的傳奇。經歷過璀璨的過去，譚榮根寄望 303 區在未來的日子繼續做好榜樣，以香港人的「拼搏精神」感染其他地方的獅友。

范佐浩（1989/90 年度總監、1996-1998 年度國際理事）
放眼國際世界　貢獻獅務發展

圖 4.5　范佐浩

范佐浩從事股票投資工作，是業界的中堅分子；業餘參加青年商會的服務，為商界出一分力。1980 年代，在業界同儕的推薦下，范佐浩認識了獅子會並認同會方的服務精神和宗

旨，於是與志同道合的朋輩創立寶馬山獅子會。1988 年，他出掌寶馬山獅子會，主持屬會會務。同年，1988/89 年度三〇三區總監沈樂年薦舉他出任副總監，參與區會事務。翌年，范佐浩得到會眾支持，升任區總監一職。

在總監任內，范佐浩積極與外界聯繫，除了正式拜訪包括布政司霍德在內的政府首長及兩局議員外，還出席了皇儲伉儷訪港的酒會和政務司招待英國外務次官的午宴等。這些官式的高層次接觸在一定程度上推動了獅子會的發展。

獅子會的特點是服務無界線，因此多年來籌辦了不同類型和規模的服務項目。范佐浩從漁農處的朋友處得悉西貢蕉坑這片荒廢實驗農地或將歸還政府，於是掌握時機與漁農處協作，成功將 16.5 公頃的實驗農地建成開放予公眾的「獅子會自然教育中心」。當年的副總監譚榮根擔任籌款委員會主席，他幫助獅子會在這項目上籌措了 1,000 多萬港元的經費，並得到港督衛奕信爵士的支持，出任項目的贊助者，聲價一時無兩。另外，區會也為腎病教育及研究基金籌得 200 萬港元。難得的是，在副總監譚榮根的協助下，區會成功游說國際獅子總會撥款 5 萬美元，在寶血醫院增設洗腎房、病房、寫字樓及演講室等設施。區會又與廉政公署、香港電台及電視廣播有限公司舉辦「豐盛人生」節目，透過電話、電視及其他傳播媒介，向大眾宣揚肅貪倡廉的正確人生觀。

范佐浩除了出掌區會的業務，也不忘協助推動世界各地的

獅子運動。1996 至 1998 年期間，他出任國際理事，負責亞太區包括日韓、星馬泰、關島、蒙古等地獅友的探訪及解難。作為國際理事，他在首年加入公關小組，次年則擔任國際基金副主席及財務副主席，負責審批、投資和管理賬目。此外，他與譚榮根游說世界衛生組織的眼科專家前往中國，發展防盲治盲醫療視力，以改善中國東西部的衛生問題。他們成功向國際獅子總會申請 1,500 萬美元，開展為期五年的「視覺第一・中國行動」計劃；其後再獲批 1,500 萬美元，拓展另一個五年的治盲視中行動。在他們的安排下，區會轄下的屬會與中國內地省份配對，跟進各省眼科醫療服務的拓展，除了惠及內地病友，亦讓更多獅友認識國家的發展。

為了推動香港旅遊發展，三〇三區成功申請於 2005 年舉辦國際獅子年會的主辦權。另外，范佐浩以經理的身份協助譚榮

圖 4.6 范佐浩與本書作者合照

根競選國際獅子總會會長，因而有機會到訪多個憲章區，從而認識不同國家文化，領略國際及本地服務的分野，擴闊視野。

寄望將來，他鼓勵獅友凡事堅持信念積極面對，即使艱難困苦，最終都會迎刃而解。他期望獅友繼續努力，為發展區會的未來服務而奮進。

文錦歡（2002/03 年度總監、2013-2015 年度國際理事）
立足國際舞台　女獅吐氣揚眉

圖 4.7　文錦歡

文錦歡與獅子會的情緣始於澳門。文錦歡喜愛社交舞，每星期都參加同道朋友在澳門葡京酒店的聚會，無所不談。有一次聚會，話題轉到獅子會屬會的創立。文錦歡的丈夫是扶輪社會員，她偶爾陪伴丈夫出席扶輪社活動，對服務團體略知一二。在瞭解獅子會的服務性質後，文錦歡認為這團體很有意義，於是贊同創設屬會。澳門濠江獅子會就在這種輕鬆但認真的氛圍下誕生，並成為首個在澳門創立以女性為主導的獅子會屬會。文錦歡被推舉為創會主席，自此獅子會成為她人生歷程

上同行的良伴。

自創會以來，文錦歡積極參與社會服務，得到不少會員讚賞；她先後擔任分域主席、分區主席、區秘書、國際獅子會基金主席。其後，在前國際理事李國賢的鼓勵下，她成功選上2002/03年度三〇三區總監，以「同心攜手、畫出彩虹」為號召，冀望以此為獅友的生活賦予更光明的意義。

文錦歡在總監任內響應國際總會的服務號召，積極延續中國獅子運動。她參與「視覺第一·中國行動」第二期合作協議簽約儀式。其實她在出任總監前，已經多年來追隨前國際會長譚榮根前往中國內地，帶同醫療隊進行復明行動，作為親善大使。他們踏足各偏遠省市如西藏及黑龍江地區，其中更遇上地震及汽車在零下三十度低海下拋錨的困境；這些都是文錦歡畢生難忘的經歷。發展會務是總監的份內工作，文錦歡自然不會掉以輕心。當時有不少年輕人加入青獅，其中不乏創意口才兼備的人才，但因為關注事業和家庭而選擇放棄成為獅友，形成青獅大量流失的局面。有見及此，文錦歡決定成立「港澳青獅基金」，向青獅推廣獅子運動，並支持他們成為獅友。

在醫療服務方面，文錦歡推動了一系列的項目，包括推展預防肝炎教育、營運香港獅子會眼庫、舉行愛滋病警覺、護眼行動、糖尿病及腎病服務計劃等。基於2003年沙士肆虐港澳，文錦歡更成立獅子會抗炎基金，響應政府發動清潔香港運動，期間還安排北京殘疾人藝術表演團前來香港及澳門，為前

圖 4.8　文錦歡與本書作者合照

線醫護人員、患者家屬及學生們義演打氣。

　　青年服務是文錦歡十分關注的工作範疇，她舉辦的青年活動計有青年拓展及禁毒警覺活動、和平海報比賽、國際青年交換營、獅子會姊妹學校計劃、校際時事學術常識及資訊科技問答比賽、YMCA 青年營、公益少年團、三○三區全港青少年網球錦標賽、「獅友、青獅座談會」等。另外，她在教育和環保方面也發揮了承先啟後的精神，繼續推廣教育基金及自然教育基金等活動；並鼓勵獅友參與獅子行，以行動實踐對大自然的愛護，更加為三○三區開始建立電腦系統。

　　完成區會任務後，文錦歡開始接觸獅子會的國際層面，學習國際工作的模式、架構和文化。曾經擔任三年視覺第一籌款二期的地區主席，共籌得超過 200 萬美金而且為香港 2500 個貧困白內障患者進行免費手術。於 2005 年擔任前國際理事范佐浩的秘書長，籌辦於香港舉行之世界年會；2011 年出任委

任國際理事；2013 年成功競選成為國際理事，是國際獅子總會歷史上首位華人女性國際理事，意義重大。在兩年國際理事任期內，她必須每年出席 4 次國際理事會議，並代表東南亞憲章區制定和商討政策。文錦歡在國際理事任內曾參與國際獅子基金、服務小組、婦女小組等工作，協助國際獅子基金增加收入和審核資金投資。為表揚文錦歡對國際獅子總會的貢獻，總會頒予最高榮譽的 Ambassador of Goodwill 服務及貢獻獎。

迎向未來，文錦歡的願景是提高女性會員的地位，增加女性成員的比例。她以首位華人女性國際理事的身分接受冰島國際會長的邀請，成為 New Voices 小組的成員，推動女性在獅子會的地位。另外，作為憲章區代表，她也積極發展落後地區女性會員的參與。她也經常擔任會員培訓導師，分享她在獅子會的心路歷程以及知識，著意提拔擁有潛質的獅友成為總監。

作為資深的獅子會成員，她寄望有能力、有心、有願景的獅友擔任領導，積極吸納優質會員，繼續傳承獅子會的優良傳統，希望有一天能夠將三〇三區升格為複合區而努力。

何榮高（1978/79 年度總監）
創建青年學藝　培訓莘莘學子

何榮高加入獅子會已經五十多年，是資深獅兄。1966年，何榮高加入東華三院成為總理，開始為社會做慈善工作。

圖 4.9　何榮高

他曾為華仁舊生會會長，第一次志願服務，是為華仁舊生會籌款興建灣仔校舍；亦加入全港青年學藝比賽大會至今越 45 年，後來也做過商會理事長，為商界服務。

何榮高從事鐘錶和煙草業。鐘錶是得自他父親的衣缽，何榮高自己也經營了幾間錶行，曾任香港鐘表業總會理事長。煙草業也是家族生意，主要售賣美國雷諾士煙草的產品；何榮高加入之後曾到美國受訓，學習推銷香煙。他們的馨蘭煙行主要在香港島售賣煙草和茶葉，有幾間分店，業務範圍覆蓋香港島和離島。

1965 年，半島獅子會的趙世曾向何榮高推介獅子會。他對獅子會親力親為的服務風格感到興趣；適逢東華總理的任期屆滿，何榮高於是夥同張南昌於 1965 年 8 月創立北九龍獅子會，正式成為三〇三區獅友。

何榮高是北九龍獅子會的創會秘書，事無大小一手包辦。其實何榮高做事喜歡親力親為，雖然沒有秘書協助，也能對獅子會的工作駕輕就熟。數年之後，何榮高在獅子會的資歷逐步累積，並成為分域主席。與此同時，他也擔任九龍塘童軍會主

席，九龍地域主席及香港童軍總會名譽會長；於是獅子會、童軍、生意同步並行。

1977 至 1978 年度總監吳彥男十分欣賞何榮高的服務熱誠和工作能力，於是委任他為副總監。翌年，何榮高順利榮任 1978 至 1979 年度三〇三區總監。他任內的基本挑戰是要將香港分會擴增至 35 個，會員 1,500 名。雖然只有一年時間，但何榮高滿有信心，並鼓勵獅子會會員一起奮鬥。

在他的總監任內，香港女獅主會和鳳凰山女獅會先後成立，是女獅會在香港誕生的盛事。在潘光迥及黃文謙兩位獅友的協助下，何榮高順利完成區憲章及規程的修訂，奠下區會的法理基礎。為了提升服務的質素和水平，他增設培材組（Leadership Development）及籌劃組（Research & Long Range Planning），為三〇三區的服務打下更穩固的基礎。他亦設立緊急救濟基金，以救濟港澳地區的災民，任內曾撥款予澳門木

圖 4.10　何榮高與本書作者合照

屋區 150 個受火災影響的家庭。

　　籌建香港盲人福利促進會的福利中心，是何榮高任內印象深刻的服務經驗。為了有效地向市民勸捐，何榮高找到麗的電視直播在大會堂的籌款遊戲節目；這是三○三區第一次主辦的直播籌款節目，為會方其後的推廣活動帶來重大的開創意義。結果籌了 15 萬港元，足以資助福利中心在九龍愛民邨興建，並命名為「獅子會盲人福利中心」。

　　完成總監重任之後，何榮高轉任擴展組主席，繼續為三○三區擴大會員網絡和數量而努力，結果成功達到「香港有 35 個分會，共 1,500 名會員」的目標。

　　作為資深會員，何榮高對三○三區的願景是希望獅友團結一致，配合獅子會訂下的目標，繼續遵循會方一貫的規矩，熱心為社會服務。

林海涵（1982/83 年度總監）
奠定單區基礎　躍升元老顧問

圖 4.11　林海涵

林海涵於 1938 年出生後不久，其父不幸病逝，由母親獨力撫養成人。林海涵在皇仁書院完成中學課程後，考入香港大學經濟系。這是戰後重新出發的香港，港大畢業生是萬中無一的天之驕子，前途非富則貴。可是林海涵並不滿足於眼前的光明，他深信會計行業將來必定大有可為，於是畢業後毅然前往英國攻讀會計，最終如願成為執業會計師；為個人，為家庭，也為他後來投身的獅子會創造了更美好的明天。

　　林海涵回流香港安頓生活之後，開始接觸社會服務。他的會計師樓有一位銀行家客戶是獅子會會員，這位會員的兒子計劃創立城市獅子會，林海涵被邀參與其事，自此與獅子會結下不解之緣。1976 年，林海涵正式加入城市獅子會並擔任司庫，兩年後成為該會會長。1979 年，林海涵進一步參加區務並出任區司庫一職，其後成為區秘書，再晉升為區會副總監。1982/83 年度，林海涵順利獲選為區總監。

　　林海涵出任總監期間，主要的政績是改革籌款活動及購置會址。獅子會自成立以來，一直在高級酒店舉辦餐舞會作為籌款活動，並以籌款所得支付宴會費用，成本甚高。林海涵深明問題所在，於是構思其他活動以提高籌款的效益。為此他創設「獅子行」，以戶外健步取代室內聚餐作為主要籌款活動，既可以推動獅子會會員健體強身，也可以鼓勵會員帶同親友同行，增強獅子會的凝聚力。結果「獅子行」踏出了康莊大道，成為此後各屆獅子會的指定籌款活動，歷久如新。另外，有鑑

於獅子會會址面積狹小，不利於拓展會務，林海涵於是倡議另購新址；最後覓得灣仔東美中心為永久會址，為區會奠定穩健發展的里程碑。此後香港地產市道逐步攀升至今日的歷史高位，獅子會的自置會址一直成為獅友津津樂道的德政。

林海涵任內政績固然驕人，但他要面對的最大挑戰，是將三〇三區升級為正式單區。當時國際總會規定，成立單區的基本條件是擁有 30 個屬會，每個屬會有 50 至 60 名會員。林海涵認為獅子會的發展已經具備相當的條件，於是努力以赴，最終湊夠 30 個屬會，成功將三〇三區升級成為正式單區。

完成總監任期後，林海涵依然積極參與三〇三區的各種服務。2007 年，他與前總監李國賢等人創立獅子會浸會大學中醫藥慈善基金，推動中醫藥在香港普及發展。2020 年新冠肺炎爆發，林海涵通過慈善基金向社會大眾派發防疫物資，延續

圖 4.12　林海涵與本書作者合照

基金慈惠濟世的精神。

經歷 40 多年的服務，林海涵為獅子會會員趨向年輕化而感到欣慰。林海涵一直希望不斷提升會員的水平，經常建議為會員提供更多的培訓，以保持三〇三區的服務質素。

最後，他寄語三〇三區會員保持初心，日後必能達致更多成就。

周振基（1992/93 年度總監）
執掌社團公職　熱衷開創教育

圖 4.13　周振基

周振基長袖善舞，熱愛粵劇藝術，多年來積極投身公益，是各個教育、慈善、商界、社會服務界別的中堅份子。周振基曾經遇上從政的機會，但他認為自己簡約和直率的作風並不適合政治官場；他反而看到為社會提供直接服務的獅子會，才是屬於自己的舞臺。

他成長的時候家境清貧，即使有機會到美國留學，也要兼職打工維持生計，養成盡力盡責的做事作風。1981 年，他返

港並開始創業，同時繼續進修，順利取得香港大學博士學位。事業漸上軌道之後，他開始追求平衡而豐盛的人生；在兼顧家庭和事業的同時，參與各種社會服務，在忙碌而充實的生活中品味生命的樂趣。

周振基成為獅友之後一直積極參與會務，曾經擔任分區主席、區秘書和副總監，任內以勤力上進的表現取得前輩的信任。1992/93年度，周振基當選三〇三區總監。他深明以37歲的年齡肩負總監的重任，並無資歷上的優勢，唯有靠自身的投入和努力，才能夠得到人們的認同。他的其中一種堅持是推行守時文化。他笑言，他出席過600多次會議，只有兩次遲到；真正做到言行一致，並且推己及人。他既要求守時，同時也強調省時；他開會力求簡潔，並專注工作，不會浪費時間。

「視覺第一‧中國行動」是國際基金會撥款支持三〇三區在中國內地服務的重大項目，也是前總監努力爭取的成果。在總監任期內，周振基要負起到內地開展服務的責任。他親自伙同何志平醫生前往北京，與衛生局洽談落實視覺第一的服務，在前輩的基礎上踏出邁向收成期的一步。為了令計劃順利推行，他成功向中南銀行及眼鏡公司籌得善款，作為投入「視覺第一‧中國行動」服務的經費。

周振基熱心公益，並格外重視教育服務。1993年，他在總監任內成立獅子會教育基金，為日後支持教育發展打好財政基礎，並在葵涌成功覓地開辦職業先修中學。他向教育署提出配

合市場需要，刪減海事訓練之類的夕陽科目，改為開設電子設計、科技、繪圖等新工藝課程，又融合文法和商業課程以配合社會的發展。1996 年，獅子會職業先修中學落成啟用，三年後配合教育政策易名獅子會中學，並調整課程成為文法中學。在籌建中學的同時，周振基也通過獅子會教育基金的支持，促成獅子會何德心小學的創建，進一步推進獅子會的教育服務。

為了鼓勵年輕人投入獅子服務，他特別設立全年最佳青獅獎。在推廣方面，周振基與廉政公署、電視廣播有限公司、《東方日報》合辦「香港明天會更好」節目；又與香港電台合辦太陽計劃；與電視廣播有限公司合辦 Hand-in-Hand 嘉年華等。在他任內，獅子會自然教育徑內的聾啞咖啡室正式動工，國際獅子會腎病教育中心及研究基金亦獲批器材資金。對外方面，他不忘與官商各界保持聯繫，曾經拜訪新華社主要官員、民政局局長孫明揚、衛生福利局局長黃錢其濂、中南銀行總經

圖 4.14　周振基與本書作者合照

理吳亮星、香港科技大學校長吳家瑋等。

對於獅子會的未來，他寄望每位會員都能夠瞭解自己的服務興趣，專注服務範疇；屬會最好做到百花齊放，將獅子精神發揚光大。

冼姵璇（1998/99年度總監）
承先啟後精神　見證平權機會

圖4.15　冼姵璇

冼姵璇成長的年代，是人人為我，我為人人的香港；人人憑著一己努力，天天向上，自立齊家。那些年的香港，社會服務是新鮮事物，並非一般人的生活日程；冼姵璇也不例外。冼姵璇1974年結婚後，與丈夫共同經營電子產品生意，生活簡單安穩。直至1982年，她首次與丈夫出席獅子會屬會的活動，才發現生活原來可以有另一個版本。她看得出獅子會以真正貼地的方式，通過身體力行服務社會，與眾不同。這次獅子會的活動成為她認識和參與社會服務的契機。

冼姵璇是三〇三區的第一位女總監，自然引來不少關注和

欽佩的目光；但她最欣慰的是自己的默默付出和努力學習，並以「順其自然」來形容她成為領袖的歷程。冼姵璇為人沉厚寡言，加入獅子會後基本上不知道如何組織服務活動，更遑論公開演講；但結果在 1993 年擔任了中區獅子會會長，這當中有無數不為人知的挑戰和奮鬥。她直言，獅子會給她機會學習和鍛鍊，然後才有可能為社會服務；區會總監給她發揮的空間，並支持她先後擔任分區主席、區司庫和區秘書。在冼姵璇的區秘書任上，前總監認為她的經驗可謂文武俱備，是時候考慮再向前邁進一步，擔任區會的領導。當時社會上對女性成為領袖已經沒有太大成見，加上家人的支持，冼姵璇決定一試。經過重重的程序和考驗，冼姵璇最終當選 1998/99 年度三〇三區總監，成為區會首位女總監。

其實冼姵璇參選的時候，會員的提問總離不開女性身份的議題；她唯有以實際的業績消除眾人的疑慮，並以此證明自己可以勝任領導的位置。她認為在現今社會，很多男性能夠做的事情，女性亦做得到，男女之間並不存在能力上的差異。儘管如此，她還是尊重前輩男性總監的做法，選擇保留原來的政綱以管理區會。當然，她成為總監的事實亦為獅子會打開了「性別缺口」，增加了日後女性成為會員的機會，也為女性成員晉身領導開了先河。

在總監任期內，冼姵璇提出「提昇自我，提昇服務」的口號以優化獅子會的服務。她期望會員不論職位或身份高低，都

圖 4.16　冼姵璇與本書作者合照

要從「提昇自我」做起，以情商（EQ）解決問題；至於「提昇服務」，則要求會員親身參與社會服務，以保證服務的質素。冼姵璇坐言起行，以親力親為的工作方針，不分高低的謙遜態度來彰顯「獅子精神」。

　　為響應國際總會的號召，冼姵璇積極拓展服務。她在任內舉辦了世界視覺日，也啟動了香港獅子會眼庫「潘光迥糖尿眼普查服務中心」的服務；又舉行香港國際康復展覽 98'，為預防殘疾作出貢獻；同時在青年服務方面推出「青年拓展及禁毒警覺」活動等。此外，她亦帶領區會拜訪澳門總督、新華社及香港民政事務局，為區會協助政府推展服務建立良好的聯繫。在眾多服務之中，她印象最為深刻的是剛剛落實推行的「視覺第一‧中國行動」。當時區會以抽籤形式安排屬會與中國內地省份配對，由屬會派出會員到中國內地監督白內障的防治工

作。這是她任內執行的最大型服務活動。

　　展望將來，她寄語後輩不要過於關注個人名聲，而要用心來做社會服務。她更建議為會員提供訓練，促進不同年代的老中青獅友聚首交流。

楊偉誠（2004/05 年度總監）
推進戲曲文化　立志回饋社會

圖 4.17　楊偉誠

　　對於楊偉誠來說，社會服務並非陌生事物。在他的成長過程中，他身邊很多朋友都活躍於不同性質的服務團體中，包括聖約翰救傷隊、醫療輔助隊、交通安全隊、扶輪社等；在社會不同領域上幫助有需要的人。楊偉誠耳濡目染，也帶著服務的精神參加醫療輔助隊，為市民提供醫療服務。不過，對於同樣注重社會服務的獅子會，他卻一直有一個錯覺，認為它只是一個上流社會人士的聯誼會，忽略對弱勢社群的實際援助。

　　1995 年，楊偉誠偶遇獅子會前總監周振基，一席話後居然為獅子會的精神所感動，隨即決定加入。經過深入了解組織

的運作及參與各種服務工作，楊偉誠深明獅子會是一個「貼地」的服務團體，於是積極向親友推廣「獅子精神，服務社群」的宗旨。

　　楊偉誠從事保險業，長袖善舞，八面玲瓏；加入獅子會短短兩年即成為 1997/98 年度屬會會長，後來更擔任第五分域主席及第三分區主席，主持一系列推廣防火意識及急救的活動。在晉升的過程中，楊偉誠得到周振基前總監從旁扶持及悉心指導，使他理解要用自己優秀的工作表現而非職位去取得別人的認同。對於師傅的教誨，楊偉誠銘記於心並行之於事，培養出認真而不怕辛苦的工作態度。在出任 2004/05 年度區總監的時候，楊偉誠貫徹「憑努力求突破，推動『我們服務』、以睿智達理想，實踐『獅子精神』」，對自己和合作伙伴都有很高的要求，務求把工作做到最好。面對消極意見，他不單沒有感到挫敗或氣餒，反而把壓力轉為動力，激勵自己將一個個看似「不可能」的任務化作「可能」，並為這些任務制定周詳部署及完善的解決方案。

　　在出任總監期間，楊偉誠主要推動三類工作：培育領袖、拓展本地服務、推動獅子會三〇三區的發展，並以傳承「獅子精神」為最終目標。為了培育更多領袖人才，楊偉誠在不同的大學校園為會長、獅友、區職員及區委員會主席舉辦了多場才能訓練工作坊及提升領導才能工作坊，並安排他們策劃及參與大型活動以獲取實際的訓練及經驗。為了拓展三〇三區的本地

服務，楊偉誠在任內分別帶領三〇三區舉辦第 88 屆國際獅子會年會、「國泰航空新春國際匯演之夜」賀歲花車巡遊、元旦慈善登國金、新生命工程大型電視籌款項目、名人慈善高爾夫球大賽、鳴之聲粵劇籌款晚會、環保回收籌款計劃，既為特定服務對象及有需要人士籌款及獅子會盃全港青年民歌比賽等活動，亦為本地青少年提供發光發亮的表演機會。為了擴充三〇三區的規模，楊偉誠協助創立了 5 個新的屬會並將 20 名青獅提升為大獅，賦予他們更大的使命，並且以一系列的公益籌款活動向本地市民宣揚三〇三區的工作、服務精神和成就。在眾多活動之中，楊偉誠對元旦慈善登國金印象最為深刻，而基於時間緊迫的關係，南亞海嘯的籌款項目則最具挑戰性。在楊偉誠的領導下，三〇三區更獲選為是年度內全球三個最佳區域之一！

楊偉誠衷心感謝獅子會給予的訓練及機遇，多年來建立了

圖 4.18　楊偉誠與本書作者合照

鞏固的人際網絡及推動大型社會服務計劃的經驗，近年獲香港特別行政區政府委任參與多個諮詢委員會，包括現任：「香港藝術發展局」副主席、「城市規劃委員會」委員、「西九文化管理局戲曲中心顧問小組」主席、「西九文化管理局表演藝術委員會」委員；前「香港演藝學院校董會」副主席、「中央政策組非全職顧問」、「民政事務局粵劇發展基金顧問委員會」主席及「康文署中國傳統表演藝術小組」主席等等。更於2008年獲得香港特區政府頒發榮譽勳章，在2013年更獲特區政府委任為「太平紳士」，並在2016年獲得香港特區政府頒發銅紫荊星章。

郭美華（2018/19 年度總監）
推動兩性平等　穩建地標建設

圖 4.19　郭美華

　　郭美華在加入獅子會之前，曾經追隨父兄分別在同鄉會和街坊福利會參與義務工作，負責把善款和物資派發給有需要的人士。其實郭父自湖南移居香港後自立成家，一直不忘照顧其

後來港的同鄉；郭美華受到好善樂助的家庭氣氛所薰陶，自然養成熱心公益的習慣。

2010 年，在兄長的推薦下，郭美華加入了深水埗獅子會，成為該會最早的兩名女獅友之一。郭美華先後出任秘書、第一副會長、第二副會長，最後成為會長，帶領深水埗獅子會積極推動當區的社區服務。

儘管郭美華在獅子會的工作一直暢順無阻，但她希望更多女性加入獅子會，以改變男性主導的局面。她經常向一些有潛質的女士推介獅子會，在她擔任總監任內更全力支持全球發展團隊特別舉辦「新女性會員推介座談會及茶聚」，另亦推動家庭成員及女性會員發展委員會舉辦「午敘添雅緻，相約聖誕前」午餐分享會，結果成功為獅子會招來不少女性會員。當屆國際總會長 Gudrun Yngvadottir 女士也以提高女性會員比例為工作目標，因而十分讚賞對郭美華積極發展女性會員的做法。

2015 年，郭美華進一步參與三〇三區的工作，獲選為第二副總監，最後在 2018/19 年度當選總監。在總監任期內，郭美華推動獅子會籌募 550 萬港元，為紅十字會購買全新流動捐血車。另外又為重置於蘇屋邨的「兒童癌病基金獅子會社區服務中心」籌集約 300 萬港元的裝修費用，以方便癌病兒童復康治療及上課溫習。除了籌款為社會提供服務，郭美華的另一項挑戰是推動三〇三區的資訊電子化，與當時負責策劃區會資訊科技發展的第二副總監合力提升資訊系統，包括更新網頁

圖 4.20　郭美華與本書作者合照

及會員資料電子化等。結果對不太熟悉電腦工程的郭美華不畏艱苦，從零開始，終於完成電子化的計劃，深得會員歡迎。

　　郭美華為了響應國際總會關注饑餓、環保、視力、兒童癌症及糖尿病服務的號召，在香港推行相關的服務項目，包括「校園環保小農夫」，透過水耕菜計劃向高小學生推廣環保意識及珍惜食物的觀念；「全城血糖關注日」，鼓勵中學生以運動減肥，幫助高危人士認識糖尿病並提供檢測服務；「低視力無障礙 之 開心看得見」活動，替小學生及幼稚園學生驗眼，提高家長及兒童的護目意識；「獅友齊關愛，生命更精彩」，安排癌症兒童及家人到新界農莊玩樂，提升社會對兒童癌症的關注，為相關家庭提供放鬆的機會；「獅心獻關懷，秋日送溫情」同樂日，這是郭美華駕輕就熟的服務，主要內容是送福袋及湯品等物資給長者。國際總會會長 Gudrun Yngvadottir 來港

訪問期間，在郭美華陪同下到白田邨探訪住戶，令國際會長對港澳分區的工作留下十分滿意的印象。

　　郭美華認為，三〇三區以往較著重香港的建設，現在則更出力支援中國的基礎設施。至今一直不變的是，三〇三區仍然根據獅子會國際總會的規定運作，依然保持四出精神。展望將來，郭美華希望三〇三區的會員可以進一步團結起來，實行更多分工，區會和屬會分別負責大小不同的項目，務求更妥善分配和運用資源，以發揮更佳的服務精神。

楊孫西（資深獅友）
實幹工業翹楚　心繫家園社稷

圖 4.21　楊孫西

　　楊孫西祖籍福建泉洲石獅，父親是菲律賓華僑。1950 年代初，年 13 歲的楊孫西跟隨家人從內地前往香港定居，並在家庭教師的協助下從頭學習英語，1957 年畢業於香島中學，之後肄業於暨南大學華文學院，1962 年於香港工業學院進修，並在一間紡織製衣工廠半工半讀，自此與工業結下不解之

緣。1969 年，楊孫西自資創業，在觀塘建立一家工廠，走上工業家的道路。

1980 年代，楊孫西因緣際會認識工業界前輩盧政浩先生，接觸到源自美國的國際性服務團體——國際獅子總會。盧先生創立港島獅子會，會員以工商界專業人士為主，楊孫西也成為其中一員。他的參與，是出於「取諸社會用諸社會」的信念，而且廠務發展已經走上軌道，是適當時候回饋社會。

與其他獅子會屬會有別，港島獅子會的經濟基礎相對穩定，擁有足夠資金支持各項服務，為社會作出持續性貢獻。1986 年，楊孫西擔任港島獅子會會長。任內領導會眾捐款發展自然教育基金，又成立「港島獅子會基金會」以支持服務發展；結果得到很多會員響應，當時籌得超過 100 萬港元。自此，基金會每年都收到捐款，亦不斷投放於服務項目。基金會近年相對重大的捐款是支持北區醫院泌尿科添購醫療儀器，同時與醫院合辦服務項目。

楊孫西認為，從國際獅子總會到三○三區，獅子會都有會章闡明服務社會的傳統；事業有成的工商界人士透過獅子會服務社會，是秉承獅子會「我們服務」精神的理想途徑；「港島獅子會基金會」則從中發揮重要的推動作用。港島獅子會的獅友負責不同類型的服務項目，他們支付百分之五十的項目經費，基金則承擔另外的百分之五十，相當於一比一的配對。另外，港島獅子會也注重中國內地服務的拓展，會員曾經到訪成

圖 4.22　楊孫西與本書作者合照

都山區，親手送贈書包、文具、日常用品予有需要的小孩。

　　楊孫西加入港島獅子會以後，一直積極參與獅子會服務。年過 60 歲之後，他在工商界的活動越趨頻繁，又大力拓展海外房地產市場，1993 年獲委為全國政協委員，至 2003 年獲委為第十屆、第十一屆全國政協常委；業務繁重，令他減少了獅子會活動的參與，但支持力度則從未放緩。2015 年，楊孫西獲得三〇三區頒授「獅子會終身成就獎」，可謂實至名歸。今日，只要楊孫西身在香港，他一定會爭取機會參與區會活動，出席餐會，擔任主講嘉賓，與成員分享參與社會服務的心得和理念。對他而言，不論身處何時何地，弱勢社群始終是他最關注的服務對象。

　　展望將來，楊孫西寄語三〇三區獅友，希望年輕會員更積極投入區會服務，造福社會。

何麗貞（資深獅友）
掌舵獅聲出版 發揚獅子精神

圖 4.23 何麗貞

何麗貞投身服務社會，源於她於 1965 年參加的女童軍服務；並逐步由分區總監晉升至香港助理總監和西九龍地域總監。在這過程中她深感以個人力量服務大眾難以克服各種限制，要是參與服務團體以眾人之力向受眾雪中送炭，意義顯然更為深遠。1981 年 1 月，她被邀請加入獅子會，並一直全心全意服務至今。

何麗貞與獅子會結緣，其實來自三○三區香港主會女獅會前會長的邀請。在此之前，何麗貞眼見獅子會會員經常出席高尚場合，以為只有擁有一定的資歷和財富才可以加入。成為獅友之後，何麗貞了解到三○三區的成員來自社會各界，共通之處是有心有力，並且努力不斷為社會提供服務。

1987 年，一位女士在美國提出女性成為會員的訴訟而獲勝訴，自此確立女性成為獅子會正式會員的資格。這項帶有里程碑意義的轉變直接影響到三○三區，以及區會內的所有

女性會員，包括何麗貞。在男女平等的信念支持下，何麗貞於1992年創立中區獅子會，並帶領該會奪得不少最佳獅子會及最佳服務獎等獎項；她個人更榮任兩次最佳獅子會會員。在此前後，她不斷以領袖的身份推動獅子會的服務。1989/90年度，何麗貞成為國際獅子會青年交流主席，並主辦當年的青年交流營；1990至1993年出任區青年獅子會主席；1999至2006年成為國際和平海報主席；近年則積極參與預防肝炎教育委員會的工作。

自1998年起，何麗貞獲三○三區總監提名加入《獅聲》出版委員會，司職至委員會主席。《獅聲》是國際獅子總會認可的中文官方刊物，報導三○三區會、屬會及聯屬團體的最新服務工作與動態；早年出版月刊，其後改以雙月刊形式發行。《獅聲》出版超過50年，記錄了三○三區一路上的點滴，為區會、屬會及各聯屬團體留下了重要的歷史印記；何麗貞居中主持《獅聲》編輯及出版工作，貢獻良多。

何麗貞的另一項重要服務是出任獅子會中學校監。自1996年獅子會中學（前稱獅子會職業先修學校）開校以來，會方一直大力支持中學的發展及改革，學生的成績和英語水平不斷提升；學生代表不時參加獅子會的國際交流營，都能積極與外國青年交流。秉承「我們服務」的獅子精神，獅子會中學亦舉辦大哥哥姐姐計劃、探訪義工、龍獅隊等，以獅子會服務精神培訓學生。遇上社會有特別需要，中學更即時組織學生提供

服務。

　　何麗貞印象最深刻的服務是 1990 年代初的「視覺第一・中國行動」。當時中國內地 31 個省市與三〇三區各屬會作出配對聯繫，以便提供服務。何麗貞創設的中區獅子會配上河南省，屬會每年聯同眼科醫生前往河南省鄉村施行白內障手術。看到患者重見光明，可以自力更生並逐步改善生活，令何麗貞十分感動。此外，透過「視覺第一・中國行動」讓中國政府了解到獅子會是一個純粹的服務團體，因而准許在深圳推展獅子會服務隊，繼而擴展至其他省市，惠及更多內地的同胞。

　　回首加入三〇三區已 40 載，何麗貞不論身居何職，都努力發揚獅子精神。展望未來，她期望一眾獅友能懷抱無時無刻顧及別人的心，組織更多質量兼備的服務回饋社會。

圖 4.24　何麗貞與本書作者合照

結語 獅子運動的啟示

　　香港獅子運動的拓展始於 1950 年代，正值社會歷經第二次世界大戰之後，重建城市建設及恢復民生經濟事務的年代，同時也是美國文化與價值的影響力全球擴展的年代；其中服務團體邁向國際化，在各國創建分會也是重要一環。在社會精英的領導下，獅子運動也拓展至港英年代的香港，創建三○三區，一直伴隨著港澳兩地市民大眾走過成長的歷程。香港的獅子會沿用西方模式運作，主要以華人為領導及服務對象。這個本地化的國際性服務團體，到了 21 世紀的今天，仍然歷久常新，與時俱進，為中國內地、香港、澳門三地普羅大眾推展多元範疇的社會服務。香港獅子運動的特殊模式，對其他同類社會服務團體有不少可作借鑑之處。

　　戰後香港社會的穩定局勢，為獅子運動的植根，提供了肥沃的土壤。踏入 20 世紀中後期，基於實際環境及社會需要的考量，政府投放資源於醫療、教育、社會福利等範疇，亦陸續推行不同類型的社會政策，配合市民的日常生活。與此同時，

為了讓更多市民的生活得到照顧，政府積極支持國際性服務團體協助推動社會服務。

經年累月，隨著屬會數目及會員人數的增長，三〇三區雲集社會各界精英，籌募經費，協助政府推行醫療、教育、環保教育及其他範疇的服務項目，並繼而拓展至中國內地。過去60年間所提供的社會服務，從救濟性的援助到具系統性的改善民生措施，不一而足。在深化服務內涵的同時，又能切合不同時代的社會大眾所需，更能應對突如其來的危機，扮演舉足輕重的民間服務團體的角色。

作為非政府、國際性服務團體，獅子會得以成功在中國內地、香港、澳門三地招募會員，創建分會，推展多元化服務範疇，是源於獅子會超越宗教和政治立場的服務信條。簡言之，獅子運動是以「取之於社會，回饋於社會」為宗旨，獅子會高效地採用社會資源，用於服務市民大眾，回饋社會，傳承和弘揚 We Serve -「我們服務」的獅子精神。

APPENDIX 1
附錄一：
歷屆總監及會員人數

年度	時任總監	屬會數目	會員人數
1955/56	-	1	25
1956/57	-	1	未有記錄
1957/58	-	1	未有記錄
1958/59	-	2	未有記錄
1959/60	-	3	未有記錄
1960/61	阮潤桓	3	約 100
1961/62	潘光迥	4	100 多
1962/63	廖銓祺	5	160 多
1963/64	賈樂時	6	200 多
1964/65	勞儆安	7	240 多
1965/66	畢偉文	7	240 多
1966/67	劉天宏	9	300 多
1967/68	劉邦	9	480
1968/69	張有興	9	486
1969/70	潘約翰	10	534
1970/71	李國賢	10	500 多
1971/72	莊智博	11	500 多

續表

年度	時任總監	屬會數目	會員人數
1972/73	周寶璋	11	500 多
1973/74	吳坦	11	584
1974/75	簡日淦	15	約 600
1975/76	伍楚生	21	約 1,000
1976/77	黃頌盈	24	約 1,000
1977/78	吳彥男	25	1,255
1978/79	何榮高	28	1,300
1979/80	梁欽榮	31	1,378
1980/81	余文倫	33	1,463
1981/82	鄧河（廷琮）	33	1,504
1982/83	林海涵	35	1,500
1983/84	畢禹徵	35	1,432
1984/85	甯德臻	36	1,257
1985/86	冼祖謙	36	1,231
1986/87	龍啓光	36	1,164
1987/88	張新村	36	1,200
1988/89	沈樂年	36	1,161
1989/90	范佐浩	38	1,246
1990/91	譚榮根	39	1,350
1991/92	王偉粵	46	1,450
1992/93	周振基	50	1,550
1993/94	鄭偉泉	51	1,600
1994/95	梁樹賢	51	1,500
1995/96	霍君榮	53	1,500
1996/97	蘇震宇	53	1,487

續表

年度	時任總監	屬會數目	會員人數
1997/98	陳立志	54	1,466
1998/99	冼姵璇	54	1,345
1999/2000	殷國榮	55	1,242
2000/01	徐樹榮	56	1,270
2001/02	吳國勝	54	1,200
2002/03	文錦歡	55	1,143
2003/04	陳東岳	56	1,200
2004/05	楊偉誠	61	1,300
2005/06	邵一崗	61	1,350
2006/07	呂潤棻	61	1,400
2007/08	梁家昌	62	1,386
2008/09	許世光	64	1,418
2009/10	陳毅生	66	1,485
2010/11	譚鳳枝	66	1,500
2011/12	高敏華	68	1,562
2012/13	林德銘	68	1,630
2013/14	馮炳壽	68	1,700
2014/15	陳敬德	73	1,860
2015/16	羅少雄	79	2,016
2016/17	馮妙雲	86	2,161
2017/18	陳立德	90	2,252
2018/19	郭美華	93	2,345
2019/20	王恭浩	94	2,233
2020/21	梁禮賢	95	2,218

APPENDIX 2
附錄二：
歷屆總監照片

阮潤桓
1960-1961

潘光迥
1961-1962

廖銓祺
1962-1963

賈樂時
1963-1964

勞儆安
1964-1965

畢偉文
1965-1966

劉天宏
1966-1967

劉邦
1967-1968

張有興
1968-1969

潘約翰
1969-1970

李國賢
1970-1971

莊智博
1971-1972

周寶璋
1972-1973

吳坦
1973-1974

簡日淦
1974-1975

伍楚生
1975-1976

黃頌盈
1976-1977

吳彥男
1977-1978

何榮高
1978-1979

梁欽榮
1979-1980

余文倫
1980-1981

鄧河〔廷琮〕
1981-1982

林海涵
1982-1983

畢禹徵
1983-1984

寗德臻
1984-1985

冼祖謙
1985-1986

龍啟光
1986-1987

張新村
1987-1988

沈樂年
1988-1989

范佐浩
1989-1990

譚榮根
1990-1991

王偉粵
1991-1992

周振基
1992-1993

鄭偉泉
1993-1994

梁樹賢
1994-1995

霍君榮
1995-1996

蘇震宇
1996-1997

陳立志
1997-1998

冼佩璇
1998-1999

殷國榮
1999-2000

徐樹榮
2000-2001

吳國勝
2001-2002

文錦歡
2002-2003

陳東岳
2003-2004

楊偉誠
2004-2005

邵一崗
2005-2006

呂潤棻
2006-2007

梁家昌
2007-2008

許世光
2008-2009

陳毅生
2009-2010

譚鳳枝
2010-2011

高敏華
2011-2012

林德銘
2012-2013

馮炳壽
2013-2014

陳敬德
2014-2015

羅少雄
2015-2016

馮妙雲
2016-2017

陳立德
2017-2018

郭美華
2018-2019

王恭浩
2019-2020

梁禮賢
2020-2021

附錄二：歷屆總監照片

APPENDIX 3
附錄三：
三〇三區屬會授證日期及會徽

屬會	創會會長	授證日期	會徽
香港獅子會（主會）	徐季良	1955 年 11 月 8 日	
九龍獅子會	廖銓祺	1959 年 6 月 19 日	
半島獅子會	張軍光	1959 年 10 月 17 日	
香港域多利獅子會	曹克安	1961 年 10 月 29 日	
香港香島獅子會	莫慶榮	1963 年 5 月 31 日	
香港青山獅子會	畢禹徵	1964 年 1 月 6 日	

屬會	創會會長	授證日期	會徽
太平山獅子會	謝柱祥	1965 年 5 月 4 日	
北九龍獅子會	張楠昌	1966 年 8 月 10 日	
香港快活谷獅子會	陳普芬	1967 年 3 月 22 日	
香港觀塘獅子會	徐廉	1969 年 8 月 8 日	
澳門獅子會	江世生	1971 年 11 月 1 日	
海港獅子會（已解散）	陳乃鼎	1974 年 12 月 13 日	/
香港尖沙咀獅子會	陳錦青	1975 年 1 月 6 日	
香港鑪峯獅子會	何耀棣	1975 年 3 月 11 日	
香港中區獅子會（已解散）	張威臣	1975 年 3 月 24 日	/
香港東九龍獅子會	卞熊清	1975 年 9 月 8 日	
香港獅子山獅子會	譚華正	1976 年 1 月 5 日	

續表

屬會	創會會長	授證日期	會徽
南九龍獅子會	楊受成	1976 年 1 月 23 日	
香港城市獅子會	馬清煜	1976 年 1 月 23 日	
九龍塘獅子會	郭雅洪	1976 年 2 月 19 日	
西九龍獅子會	蘇仲平	1976 年 4 月 27 日	
香港港南獅子會	黃文謙	1977 年 3 月 9 日	
九龍中央獅子會 （已解散）	張介倫	1977 年 6 月 13 日	/
香港新界獅子會	黃品卓	1977 年 6 月 15 日	
港東獅子會	李琳明	1977 年 7 月 18 日	
香港金鐘獅子會	葉振中	1978 年 12 月 11 日	
鳳凰山獅子會 （已解散）	龍啟光	1979 年 1 月 29 日	/
香港筆架山獅子會	楊榮新	1979 年 1 月 31 日	

屬會	創會會長	授證日期	會徽
香港西區獅子會	水啟寧	1979 年 7 月 2 日	
港島獅子會	盧政浩	1980 年 3 月 26 日	
寶馬山獅子會	王國傑	1980 年 5 月 19 日	
香港沙田獅子會	蕭永康	1981 年 5 月 27 日	
金馬倫山獅子會	譚伯鴻	1981 年 6 月 11 日	
香港北區獅子會	馬祥發	1982 年 7 月 6 日	
啟德獅子會（已解散）	劉楚生	1982 年 8 月 31 日	/
元朗獅子會	劉兆慶	1985 年 6 月 6 日	
香港鳳凰獅子會	傅喬	1988 年 1 月 15 日	
紫荊獅子會	勞潔儀	1988 年 3 月 9 日	
屯門獅子會	吳寶強	1989 年 8 月 25 日	

附錄三：三○三區屬會授證日期及會徽

續表

屬會	創會會長	授證日期	會徽
香港太平洋獅子會	顧明仁	1990 年 1 月 16 日	
香港百俊獅子會	翁瑞明	1990 年 11 月 5 日	
尖東獅子會	廖賢肇	1991 年 7 月 8 日	
濠江中央獅子會 [1]	盧文輝	1991 年 10 月 2 日	
銀綫灣獅子會	何路德	1991 年 10 月 18 日	
明珠獅子會	陳蕙婷	1992 年 5 月 13 日	
紅山獅子會	彭德貞	1992 年 5 月 18 日	
香港淺水灣獅子會	蔡珍娜	1992 年 6 月 4 日	
澳門半島獅子會（已解散）	林卓華	1992 年 6 月 26 日	/

1　澳門濠江獅子會已於 1999 年 6 月 20 日與澳門中央獅子會合併，現稱濠江中央獅子會。

續表

屬會	創會會長	授證日期	會徽
中區獅子會	何麗貞	1992 年 7 月 1 日	
澳門濠江獅子會（已解散）	陳麗清	1993 年 3 月 8 日	/
黃大仙獅子會（已解散）	陳振發	1993 年 3 月 26 日	/
葵青獅子會	譚華正	1993 年 4 月 13 日	
香港中港獅子會	許彬	1993 年 8 月 16 日	
香港荷里活獅子會	黎葉寶萍	1995 年 8 月 3 日	
香港華都獅子會	鄒燦林	1995 年 12 月 5 日	
香港加華獅子會（已解散）	葉景華	1997 年 7 月 1 日	/
香港鑽石獅子會	鮑幗潔	1998 年 7 月 1 日	
大嶼山獅子會（已解散）	李植源	1998 年 12 月 21 日	/

屬會	創會會長	授證日期	會徽
香港青馬獅子會	梁健興	1998 年 12 月 31 日	
香港千禧獅子會	高朗齡	1999 年 10 月 18 日	
香港特區中央獅子會	何志平	2000 年 9 月 18 日	
香港新世紀獅子會（已解散）	黎子傑	2000 年 12 月 4 日	/
維港獅子會	馮翠屏	2002 年 12 月 6 日	
香港東方之珠獅子會	李茹英	2003 年 6 月 11 日	
香港亞洲獅子會	黃偉慶	2004 年 1 月 1 日	
香港灣仔獅子會	何淑雲	2004 年 6 月 28 日	
銅鑼灣獅子會	黃智偉	2004 年 10 月 12 日	
香港半山獅子會	高敏華	2005 年 2 月 28 日	

屬會	創會會長	授證日期	會徽
何文田獅子會	許世光	2005 年 3 月 18 日	
香港新民獅子會	李敏兒	2005 年 4 月 8 日	
香港環球獅子會	譚華正	2005 年 5 月 26 日	
新界東獅子會	潘德明	2007 年 6 月 28 日	
香港壽臣山獅子會	嚴偉貞	2009 年 3 月 28 日	
香港太陽獅子會	鄺海翔	2009 年 4 月 24 日	
香港太子獅子會	伍志剛	2009 年 8 月 18 日	
香港深水埗獅子會	李漢雄	2010 年 3 月 5 日	
香港新時代獅子會	孫燦培	2010 年 9 月 7 日	

續表

屬會	創會會長	授證日期	會徽
荃灣獅子會	李慧怡	2011 年 10 月 10 日	
香港又一村獅子會	姚瑞添	2012 年 4 月 25 日	
香港炮台山獅子會	譚洪輝	2014 年 8 月 25 日	
南區獅子會	姚維晉	2014 年 8 月 29 日	
圓方獅子會	鄧麗燕	2015 年 1 月 1 日	
錦繡獅子會	譚燦輝	2015 年 2 月 8 日	
九龍灣獅子會	黃耀強	2015 年 5 月 28 日	
香港油尖旺獅子會	賴國昭	2015 年 7 月 23 日	
香港新界西獅子會	李星強	2015 年 8 月 27 日	
香港中華傳統文化獅子會	吳翰城	2015 年 9 月 21 日	

續表

屬會	創會會長	授證日期	會徽
大埔獅子會	黃欣欣	2016 年 3 月 21 日	
香港百盛獅子會	陳笑容	2016 年 6 月 30 日	
摩星嶺獅子會	李寶儀	2016 年 6 月 30 日	
香港摩利臣山獅子會	何家輝	2016 年 7 月 29 日	
九龍城獅子會	何路德	2016 年 9 月 14 日	
香港西貢獅子會	徐嘉雯	2016 年 11 月 7 日	
香港黃金海岸獅子會	梁麗貞	2017 年 2 月 7 日	
香港國金獅子會	葉仕偉	2017 年 4 月 17 日	
香港比華利山獅子會	黎偉業	2017 年 5 月 22 日	
將軍澳獅子會	陳銳添	2017 年 5 月 31 日	

續表

屬會	創會會長	授證日期	會徽
香港和平獅子會	陳延邦	2017 年 7 月 12 日	
香港浩峰獅子會	楊燕英	2017 年 10 月 25 日	
香港星光獅子會	張芷淇	2017 年 11 月 3 日	
香港大灣區獅子會	施國勤	2018 年 4 月 6 日	
香港華夏獅子會	鄭發丁	2018 年 7 月 12 日	
香港行樂獅子會	楊君宇	2019 年 4 月 24 日	
香港一帶一路獅子會	鄒欣格	2019 年 6 月 30 日	
香港置地獅子會	梁佩詩	2020 年 6 月 10 日	
九肚山獅子會	梁鳳華	2020 年 9 月 9 日	

APPENDIX 4

附錄四：

三〇三區屬會架構圖

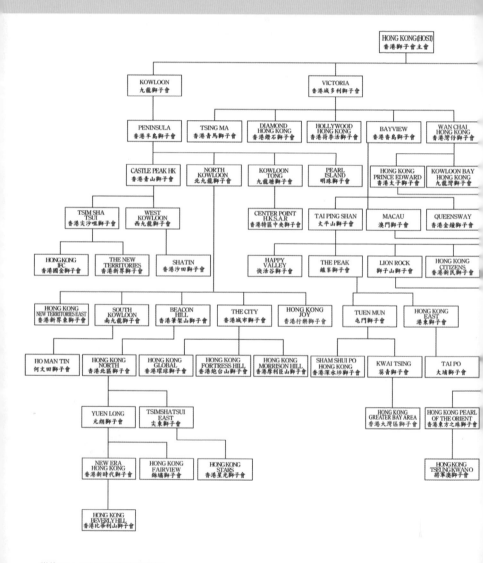

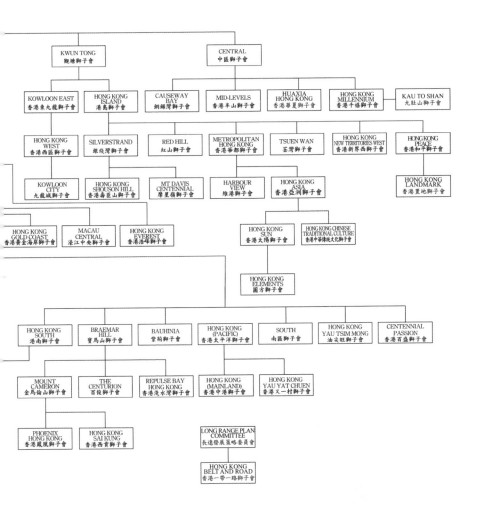

KWUN TONG
觀塘獅子會

CENTRAL
中區獅子會

KOWLOON EAST
香港東九龍獅子會

HONG KONG ISLAND
港島獅子會

CAUSEWAY BAY
銅鑼灣獅子會

MID-LEVELS
香港半山獅子會

HUAXIA HONG KONG
香港華夏獅子會

HONG KONG MILLENNIUM
香港千禧獅子會

KAU TO SHAN
九肚山獅子會

HONG KONG WEST
香港西區獅子會

SILVERSTRAND
銀綫灣獅子會

RED HILL
紅山獅子會

METROPOLITAN HONG KONG
香港蒂都獅子會

TSUEN WAN
荃灣獅子會

HONG KONG NEW TERRITORIES WEST
香港新界西獅子會

HONG KONG PEACE
香港和平獅子會

KOWLOON CITY
九龍城獅子會

HONG KONG SHOUSON HILL
香港壽臣山獅子會

MT DAVIS CENTENNIAL
摩星嶺獅子會

HARBOUR VIEW
維港獅子會

HONG KONG ASIA
香港亞洲獅子會

HONG KONG LANDMARK
香港置地獅子會

HONG KONG GOLD COAST
香港黃金海岸獅子會

MACAU CENTRAL
濠江中央獅子會

HONG KONG EVEREST
香港港峰獅子會

HONG KONG SUN
香港太陽獅子會

HONG KONG CHINESE TRADITIONAL CULTURE
香港中華傳統文化獅子會

HONG KONG ELEMENTS
圓方獅子會

HONG KONG SOUTH
港南獅子會

BRAEMAR HILL
寶馬山獅子會

BAUHINIA
紫荊獅子會

HONG KONG (PACIFIC)
香港太平洋獅子會

SOUTH
南區獅子會

HONG KONG YAU TSIM MONG
油尖旺獅子會

CENTENNIAL PASSION
香港百盛獅子會

MOUNT CAMERON
金馬倫山獅子會

THE CENTURION
百俊獅子會

REPULSE BAY HONG KONG
香港淺水灣獅子會

HONG KONG (MAINLAND)
香港中港獅子會

HONG KONG YAU YAT CHUEN
香港又一村獅子會

PHOENIX HONG KONG
香港鳳凰獅子會

HONG KONG SAI KUNG
香港西貢獅子會

LONG RANGE PLAN COMMITTEE
長遠發展策略委員會

HONG KONG BELT AND ROAD
香港一帶一路獅子會

APPENDIX 5
附錄五：
青年獅子會

屬會	創會日期
太平山青年獅子會	1968 年 12 月 17 日
香港青年獅子會（主會）	1968 年 12 月 20 日
九龍青年獅子會	1973 年 12 月 12 日
香港鑪峯青年獅子會	1978 年 6 月 30 日
港島青年獅子會	1980 年 9 月 24 日
獅子山青年獅子會	1981 年 4 月 23 日
香港金鐘青年獅子會	1982 年 5 月 4 日
香港北區青年獅子會	1987 年 5 月 30 日
香港寶馬山青年獅子會	1991 年 1 月 10 日
香港香島青年獅子會	1991 年 9 月 24 日
金馬倫山青年獅子會	1991 年 10 月 8 日
濠江中央青年獅子會	1992 年 3 月 23 日
屯門青年獅子會	1993 年 5 月 13 日
九龍塘青年獅子會	1994 年 6 月 2 日
香港中港青年獅子會	1994 年 9 月 6 日
銀綫灣青年獅子會	1995 年 4 月 7 日
香港華都青年獅子會	1997 年 7 月 29 日

屬會	創會日期
中區青年獅子會	1998 年 1 月 5 日
南九龍青年獅子會	1998 年 11 月 9 日
香港荷里活青年獅子會	2000 年 8 月 9 日
香港特區中央青年獅子會	2002 年 6 月 26 日
淺水灣青年獅子會	2002 年 7 月 8 日
香港千禧青年獅子會	2003 年 1 月 13 日
香港太平洋青年獅子會	2004 年 7 月 20 日
何文田青年獅子會	2006 年 3 月 13 日
西九龍青年獅子會	2006 年 10 月 3 日
香港青馬青年獅子會	2007 年 4 月 12 日
香港灣仔青年獅子會	2007 年 5 月 1 日
筆架山青年獅子會	2008 年 1 月 14 日
香港青山青年獅子會	2009 年 4 月 3 日
香港亞洲青年獅子會	2009 年 7 月 20 日
香港新民青年獅子會	2009 年 11 月 23 日
香港壽臣山青年獅子會	2010 年 6 月 28 日
銅鑼灣青年獅子會	2011 年 5 月 31 日
新界東青年獅子會	2012 年 6 月 12 日
澳門青年獅子會	2014 年 1 月 9 日
香港太陽青年獅子會	2014 年 2 月 27 日
香港新時代青年獅子會	2014 年 4 月 11 日
香港太子青年獅子會	2014 年 4 月 30 日
香港觀塘青年獅子會	2015 年 11 月 23 日
香港西區青年獅子會	2016 年 2 月 2 日
錦繡青年獅子會	2016 年 4 月 5 日

屬會	創會日期
香港中華傳統文化青年獅子會	2016 年 8 月 9 日
南區青年獅子會	2017 年 3 月 22 日
摩星嶺青年獅子會	2017 年 6 月 21 日
香港比華利山青年獅子會	2017 年 8 月 23 日
香港國金青年獅子會	2017 年 11 月 13 日
香港和平青年獅子會	2017 年 12 月 20 日
華夏青年獅子會	2019 年 4 月 26 日
新界西青年獅子會	2019 年 5 月 29 日
九龍城青年獅子會	2020 年 2 月 23 日

APPENDIX 6

附錄六：
女獅會

女獅會	贊助屬會	授證日期	解散日期
鳳凰山女獅會	鳳凰山獅子會	1979 年 3 月 28 日	1987 年 12 月
香港主會女獅會	香港主會	1979 年 3 月 28 日	1992 年 7 月 1 日 由何麗貞獅姐創中區獅子會後解散
港島女獅會	港島獅子會	1980 年 12 月 9 日	1992 年 5 月 18 日 由楊彭德貞獅姐創紅山獅子會後解散
寶馬山女獅會	寶馬山獅子會	1982 年 7 月 26 日	1992 年 6 月 4 日 由蔡珍娜獅姐創淺水灣獅子會後解散
半島女獅會	半島獅子會	1982 年 10 月 28 日	1992 年 5 月 13 日 由陳蕙婷獅姐創明珠獅子會後解散
九龍女獅會	九龍獅子會	1983 年 6 月 13 日	1988 年 4 月
香港西區女獅會	香港西區獅子會	1983 年 7 月 13 日	1987 年 9 月
獅子山女獅會	獅子山獅子會	1982 年 9 月 7 日	1988 年 6 月 由勞潔儀獅姐創紫荊獅子會後解散
觀塘女獅會	觀塘獅子會	1984 年 4 月 16 日	1988 年 9 月
筆架山女獅會	筆架山獅子會	1987 年 6 月 2 日	1992 年

REFERENCES
參考資料

官方刊物

- 〈內地與港澳關於建立更緊密經貿關係的安排〉，工業貿易署，https://www.tid.gov.hk/tc_chi/cepa/cepa_overview.html。
- 〈內地與港澳關於建立更緊密經貿關係的安排〉主體文件，（香港：工業貿易署，2003 年 6 月 29 日），https://www.tid.gov.hk/tc_chi/cepa/files/main_c.pdf。
- 政府新聞處：《香港一九九二年：一九九一年的回顧》（香港：政府新聞處，1992 年）。
- 政府新聞處：《香港一九九四年：一九九三年的回顧》（香港：政府新聞處，1994 年）。
- 政府新聞處：《香港一九九六年：一九九五年的回顧》（香港：政府新聞處，1996 年）。
- 《香港教育委員會報告書》（香港：香港政府印務局，1963 年）。
- 〈香港與中國內地的貿易摘要〉，工業貿易署，https://www.tid.gov.hk/tc_chi/aboutus/publications/factsheet/china.html。
- 〈概要〉，粵港澳大灣區，https://www.bayarea.gov.hk/tc/about/overview.html。
- 《香港獅聲》，1967 年 11 月至 1972 年 6 月
- 《港澳獅聲》，1972 年 7 月至 2020 年 10-12 月
- 國際獅子會中國事務委員會：《國際獅子會成功進軍中國》，2003 年。
- 國際獅子總會中國港澳三〇三區：《文錦歡總監區務工作報告 2002-

2003》，2003 年。

- 國際獅子總會中國港澳三〇三區：《陳東岳總監區務工作報告 2003-2004》，2004 年。
- 國際獅子總會中國港澳三〇三區：《呂潤棻總監區務工作報告 2006-2007》，2007 年。
- 國際獅子總會中國港澳三〇三區：《林德銘總監區務工作報告 2012-2013》，2013 年。
- 國際獅子總會中國港澳三〇三區：《陳敬德總監區務工作報告 2014-2015》，2015 年。
- 國際獅子總會中國港澳三〇三區：《馮妙雲總監區務工作報告 2016-2017》，2017 年。
- 國際獅子總會中國港澳三〇三區：《陳立德總監區務工作報告 2017-2018》，2018 年。
- 國際獅子總會中國港澳三〇三區：《郭美華總監區務工作報告 2018-2019》，2019 年。
- 國際獅子會腎病教育中心及研究基金：《第十週年紀念慈善餐舞會暨第十一屆總理就職典禮（1998-1999）》，1999 年。
- 國際獅子會腎病教育中心及研究基金：《第十週年紀念慈善餐舞會暨第十一屆總理就職典禮（2001-2002）》，2002 年。
- 國際獅子會腎病教育中心及研究基金：《第十一週年紀念慈善餐舞會暨第十二屆總理就職典禮（2002-2003）》，2003 年。
- 國際獅子會腎病教育中心及研究基金：《第十三週年紀念慈善餐舞會暨第十三屆總理就職典禮（2003-2004）》，2004 年。
- 國際獅子會腎病教育中心及研究基金：《第十五屆董事局就職典禮暨慈善餐舞會（2005-2006）》，2006 年。
- 國際獅子會腎病教育中心及研究基金：《第十五週年紀念慈善餐舞會暨第十六屆總理就職典禮（2006-2007）》，2007 年。
- 國際獅子會腎病教育中心及研究基金：《第二十五週年紀念慈善餐舞會暨第二十六屆總理就職典禮（2016-2017）》，2017 年。
- 聯合國糧食及農業組織、國際農業發展基金、聯合國兒童基金會、世界糧食計劃署、世界衛生組織：《世界糧食安全和營養狀況 2020（概要）》，2020 年 7 月 13 日。

- 《職業先修及工業中學教育檢討報告書》（香港：教育署，1997）。
- 澳門特別行政區政府統計暨普查局：《澳門經濟季刊》Vol. 2004 (Q4)。
- 澳門特別行政區政府統計暨普查局：《澳門經濟季刊》Vol. 2007 (Q4)。
- 澳門特別行政區政府統計暨普查局：《澳門經濟季刊》Vol. 2010 (Q4)。
- 澳門特別行政區政府統計暨普查局：《澳門經濟季刊》Vol. 2013 (Q4)。
- 澳門特別行政區政府統計暨普查局：《澳門經濟季刊》Vol. 2016 (Q4)。
- 澳門特別行政區政府統計暨普查局：《澳門經濟季刊》Vol. 2019 (Q4)。
- Government Printer. *Hong Kong Annual Report 1951* (Hong Kong: Government Printer, 1952)
- Government Printer. *Hong Kong Annual Report 1961* (Hong Kong: Government Printer, 1962)
- Hong Kong Legislative Council. *Address by the Governor*, (Hong Kong: Hong Kong Legislative Council March 3, 1954), https://www.legco.gov.hk/1954/h540303.pdf.

書籍

- 方駿、熊賢君：《香港教育通史》（香港：齡記出版有限公司，2008 年）。
- 公益少年團，《公益少年團十五週年紀念特刊》（香港：公益少年團，1993 年）。
- 杜葉錫恩著，隋麗君譯：《我眼中的殖民時代香港》（香港：香港文匯出版社，2004 年）。
- 周永新：《香港社會福利的發展與政策》（香港：大學出版印務公司，1984 年）。
- 保羅惠廷，侯雅文著，陶黎寶華編：《香港的社會政策》（北京：中國社會科學出版社，2001 年）。
- 香港眼科學會：《香港眼科學會六十周年特刊》（香港：香港眼科學會，2014 年）。
- 陸鴻基：《從榕樹下到電腦前──香港教育的故事》（香港：進一步多媒體有限公司，2003 年）。
- 畢偉文編：《香港獅子運動二十五年之成長過程》（香港：獅子會港澳三〇

三區，1982）。

- 港澳獅聲出版委員會：《港澳獅子總會四十周年紀念特集》（香港：港澳獅聲出版委員會，1996 年）。
- 港澳獅聲出版委員會：《港澳獅子會服務六十週年紀念特刊》（香港：港澳獅聲出版委員會，2015 年）。
- 黃啟臣：《澳門通史》（廣州：廣東教育出版社，1999 年）。
- 黃鴻釗：《澳門簡史》（香港：三聯書店，1999 年）。
- 馮可立：《貧而無怨難 — 香港民生福利發展史》（香港：中華書局，2018 年）。
- 馮邦彥：《香港產業結構轉型》（香港：三聯書店，2014 年）。
- 劉智鵬、劉蜀永編：《香港史—從遠古到九七》（香港：香港城市大學出版社，2019 年）。
- 劉蜀永編：《簡明香港史》（香港：三聯書店，2019 年）。
- 劉蜀永、姜耀麟：〈從工人醫療所看五、六十年代香港醫療問題〉，《香港的歷史與社會研究》（香港：「香港的歷史與社會研究」國際學術研討會籌委會，2017 年）。
- Alan Smart, *The Shek Kip Mei Myth: Squatters, Fires, and Colonial Rule in Hong Kong, 1950-1963*. Hong Kong: Hong Kong University Press, 2006.
- Anthony Sweeting. *A Phoenix Transformed The Reconstruction of Education in Post-War Hong Kong*. Hong Kong: Oxford University Press, 1993.
- Chan Kwok-Leung, "Demographic Setting of Hong Kong: Developments and Implications," in Kwan Yui-huen. ed., *Hong Kong Society: A Reader*. Hong Kong: Writers' and Publishers' Cooperative, 1986.
- Elizabeth Rowe. *Failure in School: Aspects of the problem in Hong Kong*. Hong Kong: Hong Kong University Press, 1966.
- Gilles Melançon. "History of Lionism in Canada – 1920-2020," (Québec: Québec Lions, 2020), https://quebeclions.ca/canada100/index_htm_files/History-of-Lionism-in-Canada.pdf.
- Ho Pui Yin. *The Administrative History of the Hong Kong Government Agencies, 1841-2002*. Hong Kong: Hong Kong University Press, 2004.
- Steve Tsang, *A Modern History of Hong Kong*. Hong Kong: Hong Kong University Press, 2004.

- Jeffrey A. Charles. *Service Clubs in American Society: Rotary, Kiwanis, and Lions*. Illinois: University of Illinois Press, 1993.
- Lion C Balaswamy. *Lions 316H District Directory: for 2016-17*. Coimbatore: Signpost Celfon.In Technology: 2016.
- Paul Martin. *We Serve: A History of the Lions Clubs*. Washington D.C.: Regnery Gateway, 1991.
- Paul Martin, Robert Kleinfelder. *Lions Club in the 21st Century*. Indiana: Authorhouse, 2008.
- Robert J. Casey, W. A. S. Douglas. *The World's Biggest Doers: The Story of the Lions*. Montana: Literary Licensing, LLC, 2011.
- Sarah Katheryn Nathan. *"Making 'We Serve' an Inclusive Mission: How the Fargo Lions Club Integrated Women into Full Membership."* Master's thesis, Indiana University, 2009.
- Tang Kwong-leung. *Colonial State and Social Policy: Social Welfare Development in Hong Kong 1842-1997*. Maryland: University Press of America, 1998.
- Zander Campos Da Silva. *Lions Clubs: The Great Idea of Melvin Jones*. Indiana: Dog Ear Publishing, 2014.

報章

- 《大公報》：1941 年 7 月 1，1951 年 11 月 22 日，1978 年 3 月 22 日，1979 年 10 月 22 日，1987 年 11 月 17 日，2004 年 4 月 9 日，2006 年 9 月 4 日。
- 《工商日報》：1955 年 5 月 12 日，1960 年 2 月 9 日，1960 年 2 月 10 日，1967 年 10 月 19 日，1971 年 3 月 10 日，1976 年 3 月 23 日。
- 《工商晚報》：1950 年 1 月 12 日
- 《香港 01》：2020 年 5 月 6 日。
- 《華人新聞》：2018 年 8 月 2 日。
- 《華僑日報》：1949 年 1 月 28 日，1954 年 7 月 23 日，1959 年 1 月 13 日，1961 年 11 月 4 日，1963 年 9 月 13 日，1974 年 1 月 14 日，1977 年 11 月

21 日，1977 年 12 月 2 日，1979 年 03 月 26 日，1981 年 3 月 24，1981 年
5 月 19 日，1981 年 10 月 26 日，1987 年 8 月 7 日，1988 年 4 月 12 日，
1991 年 5 月 5 日。

- 《新華網》：2003 年 6 月 11 日。
- 《蘋果日報》：2021 年 1 月 10 日。
- *Financial Times*：July 5, 2007.
- *South China Morning Post*：December 16, 1955，Feb 9, 1957，March 12, 1957，March 18, 1959，February 21, 1961，March 23, 1961，March 26, 1961，Jan 5, 1962，March 4, 1962，July 20, 1962，August 7, 1962，March 10, 1963，November 19, 1965，April 28, 1969，April 8, 1970，March 18, 1971，Jan 8, 1972，March 27, 1972，April 18, 1973，March 15, 1989.

口述歷史

- 文錦歡女士，2020 年 9 月 8 日。
- 何榮高先生，2020 年 9 月 29 日。
- 何麗貞女士，2020 年 9 月 17 日。
- 周振基先生，2020 年 9 月 16 日。
- 冼姵璇女士，2020 年 8 月 5 日。
- 林海涵先生，2020 年 9 月 18 日。
- 范佐浩先生，2020 年 8 月 31 日。
- 郭美華女士，2020 年 9 月 15 日。
- 陶開國先生，2020 年 9 月 28 日。
- 梁禮賢先生，2020 年 9 月 30 日。
- 楊孫西先生，2020 年 9 月 24 日。
- 楊偉誠先生，2020 年 9 月 9 日。
- 譚榮根先生，2020 年 8 月 28 日及 2020 年 11 月 24 日。
- （香港獅子會眼庫）高敏華女士，胡志鵬先生，2020 年 8 月 26 日。
- （國際獅子會腎病教育中心及研究基金）張新村先生，陳立德先生，呂有琪先生，何潔珊女士，2020 年 9 月 2 日。
- （獅子會自然教育基金）譚鳳枝女士、范佐浩先生、文錦歡女士、梁家昌先

生、陳敬德先生，2020 年 9 月 7 日。

- （獅子會青年交流基金）溫慧雯主席、黃鎮南先生、金冠忠先生，2020 年 9 月 30 日。（獅子會教育基金）崔志仁先生、何麗貞女士、郭銳涵先生、簡有山先生、葉鳳琴女士、林日豐先生、陳慧萍女士，2020 年 9 月 17 日。

網上資源

- 香港聯合國教科文組織世界地質公園，https://www.geopark.gov.hk/
- 國際獅子總會：https://www.lionsclubs.org/zh-hant
- 國際獅子總會中國港澳三〇三區：https://www.lionsclubs.org.hk/tc/index
- 兒童癌病基金會，〈兒童癌病資訊和數據〉：https://www.ccf.org.hk/zh-hant/information/childhood_cancer_facts_and_figures/
- 香港仔工業學校，〈學校歷史〉：https://web.archive.org/web/20090301023146/http://www.ats.edu.hk/index.php?option=com_content&view=article&id=41&Itemid=66
- 香港醫學博物館，〈香港眼科醫療發展回顧及展望〉：https://www.hkmms.org.hk/zh/event-exh/event/ophthalmological_development/
- 電子版香港法例，《醫療（治療、教育與研究）條例》：https://www.elegislation.gov.hk/hk/cap278!zh-Hant-HK
- 漁農自然護理署，〈獅子會自然教育中心〉：https://www.afcd.gov.hk/tc_chi/country/cou_lea/cou_lea_ven/lions.html
- Lions Clubs International, "2015 October LQ: Knights of the Blind," : https://www.youtube.com/watch?v=gN8kr8y7dHs.
- World Health Organization, "Global Initiative for Childhood Cancer," : https://www.who.int/cancer/childhood-cancer/en/#

　　本書付梓之際，國際獅子總會中國港澳三〇三區剛好踏入第六十個年頭。回眸一甲子，物換星移，陵谷滄桑；戰後香港社會的穩定局勢，為獅子運動的拓展，提供了肥沃的土壤。三〇三區與時俱進，為中國內地、香港、澳門三地普羅大眾推展多元範疇的社會服務，逐漸演變成為現代化的國際性服務團體。

　　與獅子會結緣，乃承蒙三〇三區 2020/21 年度總監梁禮賢先生的邀請，結合歷史文獻搜集和口述歷史訪談的研究方法，編撰獅子會三〇三區六十周年史書刊。在此之前，我一直以為獅子會是翹楚聚首，人物高尚的上流社會組織，與政商各界關係良好；過去一年我曾與多位獅友訪談交流，聆聽他們親述參與和實踐服務的經歷，了解他們對服務的執著和使命感，方知獅友作為社會魁首，其實儼如平民；他們身體力行，出策出力，投入服務，更經常標榜「四出」的獅子精神——出心（策劃服務）、出錢（捐款贊助服務）、出席（親身參與服務）及

出力（推行服務），為市民大眾無私付出，對香港及澳門貢獻甚大。

本書的出版要特別感謝三〇三區所有參與口述歷史訪談的獅友——時任總監梁禮賢先生、前國際總會長譚榮根先生、前國際理事范佐浩先生、前國際理事文錦歡女士、前總監何榮高先生、前總監林海涵先生、前總監周振基先生、前總監冼姵璇女士、前總監楊偉誠先生、前總監郭美華女士、資深獅友楊孫西先生和資深獅友何麗貞女士；他們付出寶貴的時間，提供重要的資料，增補了三〇三區的歷史。另外要感謝關心本書出版的獅友，以及三〇三區辦事處的同事。至於編輯團隊的黃君健先生、盧惠玲女士、陳韻如小姐和溫耀輝先生，他們為本書的研究及編撰做了大量的工作，我向他們謹表謝忱。最後，三聯書店（香港）有限公司的梁偉基先生在出版付梓階段提供了寶貴意見，在此一併致謝。

劉智鵬